おはよう
오하요~

안녕

KID'S
TRAVEL
GUIDE
OSAKA

나의 처음
오사카
여행

나의 처음 오사카 여행
KID'S TRAVEL GUIDE OSAKA

초판 발행 2025년 8월 11일

지은이 / Dear Kids
펴낸이 / 김화정

일러스트 / 고마쮸
디자인 / 구수연
기획 참여 / 김내리
제작 / 357제작소

펴낸곳 / mal.lang
주소 / 서울시 중랑구 중랑천로14길 58, #1517
전화 / 02-6356-6050
팩스 / 02-6455-6050
이메일 / ml.thebook@gmail.com
출판등록 / 2015년 11월 23일
　　　　　제 25100-2015-000087호

ISBN / 979-11-983478-8-6
ⓒ 2025 by Dear kids. 윤정혜

> 이 책에 실린 모든 내용, 디자인, 이미지, 편집 구성의 저작권은 mal.lang과 지은이에게 있습니다. 허락 없이 복제하거나 다른 매체에 옮겨 실을 수 없습니다.

> 책값은 뒤표지에 있습니다.
> 잘못된 책은 구입하신 서점에서 교환해드립니다.

제품명 / 아동 도서　제조년월 / 2025년 8월 4일
사용연령 / 8세 이상　제조국명 / 대한민국

▲ 주의 / 종이에 손이 베이거나 책 모서리에 다치지 않도록 주의하세요.
▲ KC마크는 이 제품이 공통안전기준에 적합하였음을 의미합니다.

KID'S TRAVEL GUIDE
OSAKA

나의 처음
오사카
여행

Dear Kids 지음 · 고마쭈 그림

MAL LANG

책 곳곳에 있는 빈 말풍선에
너의 생각을 써 봐~.

CONTENTS

I am...   나에 대한 정보를 써 보자!
I'm going to...   내가 가는 곳은 어디일까?
Packing List   내 짐은 내가 챙기자.
Making Plans   이번 여행에서 뭘 하고 싶어?
Let's go   출발~
First Impression   오사카의 첫인상은 어땠어?
About Osaka   오사카는 어떤 곳일까? / 오사카는 재밌어~.

와글와글 시끌벅적 쇼핑과 맛집 천국
도톤보리   50

오사카 황금기의 상징
오사카 성   62

애도시대의 오사카로 타임 스립
주택 박물관   76

오사카를 한 눈에 담을 수 있는 곳
전망대 & 대관람차   84

과학이 놀이가 되는 곳
오사카 시립 과학관   94

세계 최대 규모의 수족관
가이유칸 수족관   112

즐거움이 폭발하는 곳
유니버셜 스튜디오   126

교토의 고찰, 교토의 상징
기요미즈데라   140

새소리 나는 바닥을 만날 수 있는 곳
니조성   150

체험하는 일본 최대 철도 박물관
교토 철도 박물관   160

I am...

나에 대한 정보를 써 보자.

한국의 주소와 오사카 현지에서 머무르는 곳의
주소와 연락처를 메모해 둬.

이름

··

한국 주소

··

머무를 호텔의
명함 붙이기

책을 가지고 다니지
않는다면 호텔 명함은
꼭 가지고 다녀~.

··

부모님과 떨어져 혼자 있게 됐을 때
당황하지 말고 아래 문장을 지나가는 사람에게 보여 주면 돼.

도와주세요. 부모님을 잃어버렸어요. 이쪽으로 연락해 주세요.

**助けてください。両親を亡くしました。
こちらにご連絡してください。**

Help me. I've lost my parents. Please contact here.

私の名前:
....

親の名前:
....

親の電話番号:
....

ホテルの住所:
....

ホテルの電話番号:
....

I'm going to...

내가 가는 곳은 어디일까?

오사카가 있는 일본은 한국과 얼마나 떨어져 있을까?
한국과 일본을 찾아 봐.

Packing List

내 건 내가 챙기자.

빠트린 건 없는지 아래 리스트에 체크하고,
나만의 필요한 물건이 있다면 빈칸에 직접 써서 잊지 않도록 하자.

Clothes	**Bathroom Things**	**Other Stuff**
☐ 상의(티셔츠 등)	☐ 칫솔	☐ 여권
☐ 하의(바지 등)	☐ 치약	☐ 노트
☐ 외투(점퍼 등)	☐ 비누	☐ 필기도구(연필, 지우개 등)
☐ 잠옷	☐ 헤어 샴푸	☐ 색연필, 가위, 풀
☐ 속옷	☐ 헤어 컨디셔너	☐ 선글라스
☐ 양말	☐ 로션	☐ 모자
☐ 신발	☐ 선크림	☐ 우산

그 외 더 필요한 것들

☐
☐
☐

☐
☐
☐

☐
☐
☐

Making Plans

이번 여행에서 뭘 하고 싶어?

나만의 계획과 하고 싶은 것을 써 보자.

1.
....
2.
....
3.
....
4.
....
5.
....
6.
....
7.
....
8.
....
9.
....
10.
....

Let's go...

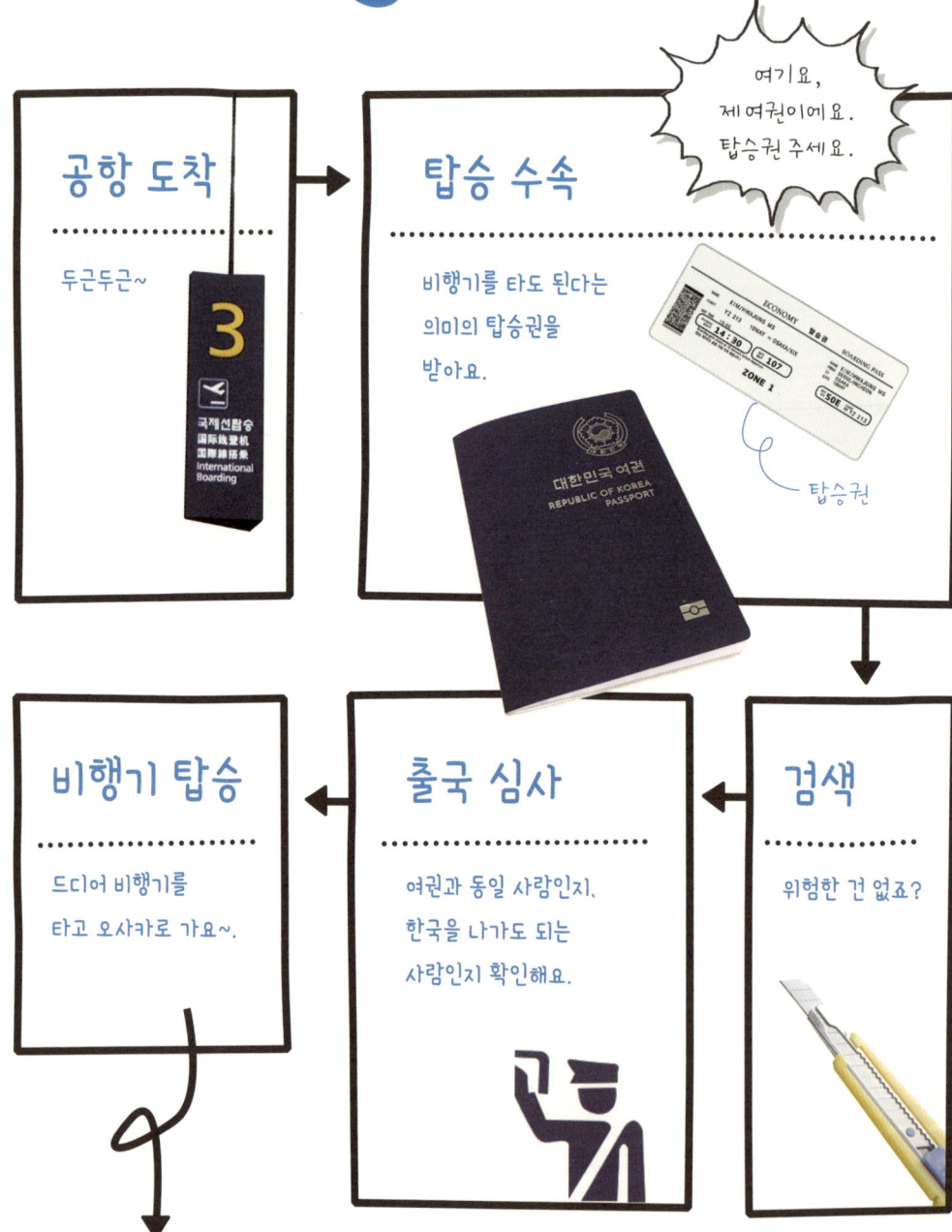

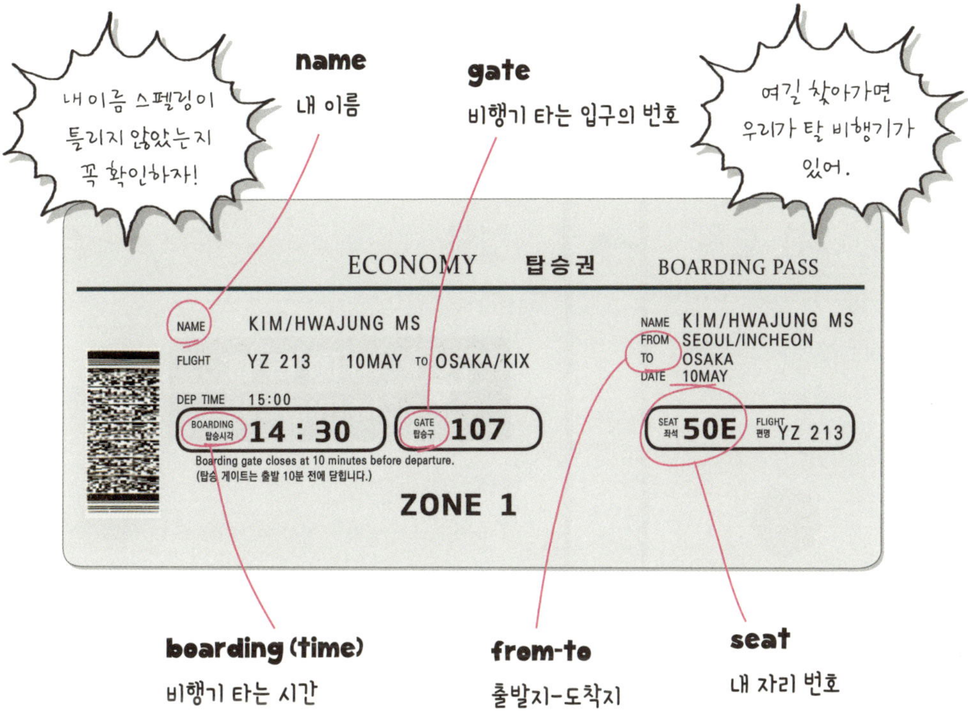

내이름 스펠링이 틀리지 않았는지 꼭 확인하자!

name
내 이름

gate
비행기 타는 입구의 번호

여길 찾아가면 우리가 탈 비행기가 있어.

ECONOMY   탑승권   BOARDING PASS

NAME KIM/HWAJUNG MS
FLIGHT YZ 213   10MAY   TO OSAKA/KIX
DEP TIME 15:00
BOARDING 탑승시각 14:30
GATE 탑승구 107
Boarding gate closes at 10 minutes before departure.
(탑승 게이트는 출발 10분 전에 닫힙니다.)
ZONE 1

NAME KIM/HWAJUNG MS
FROM SEOUL/INCHEON
TO OSAKA
DATE 10MAY
SEAT 좌석 50E   FLIGHT 편명 YZ 213

boarding (time)
비행기 타는 시간

from-to
출발지-도착지

seat
내 자리 번호

이건 기내에 가져갈 수 없어.

가져가고 싶어도 비행기 안으로 가져갈 수 없는 물건들이 있어. 승객들에게 위험을 줄 수 있는 물건들인데, 뭐가 있는지 볼까? 비행기 내에 가져 가는 가방엔 이런 물건들은 넣으면 안 돼!

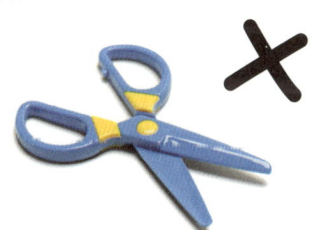

사람들에게 위험을 줄 수 있는 칼, 망치 같은 물건들은 비행기 내로 가져갈 수 없어. 가위도 칼처럼 날카로운 물건이라 안 되니까 기억해 둬. 가위를 가져가고 싶으면, 수하물 가방에 넣어야 해.

100ml가 넘는 물이나 음료수 같은 액체류도 가져갈 수 없어. 꼭 가져가야 한다면 100ml 이하의 용기에 담아 규격 지퍼백에 넣어 가져가야 해.

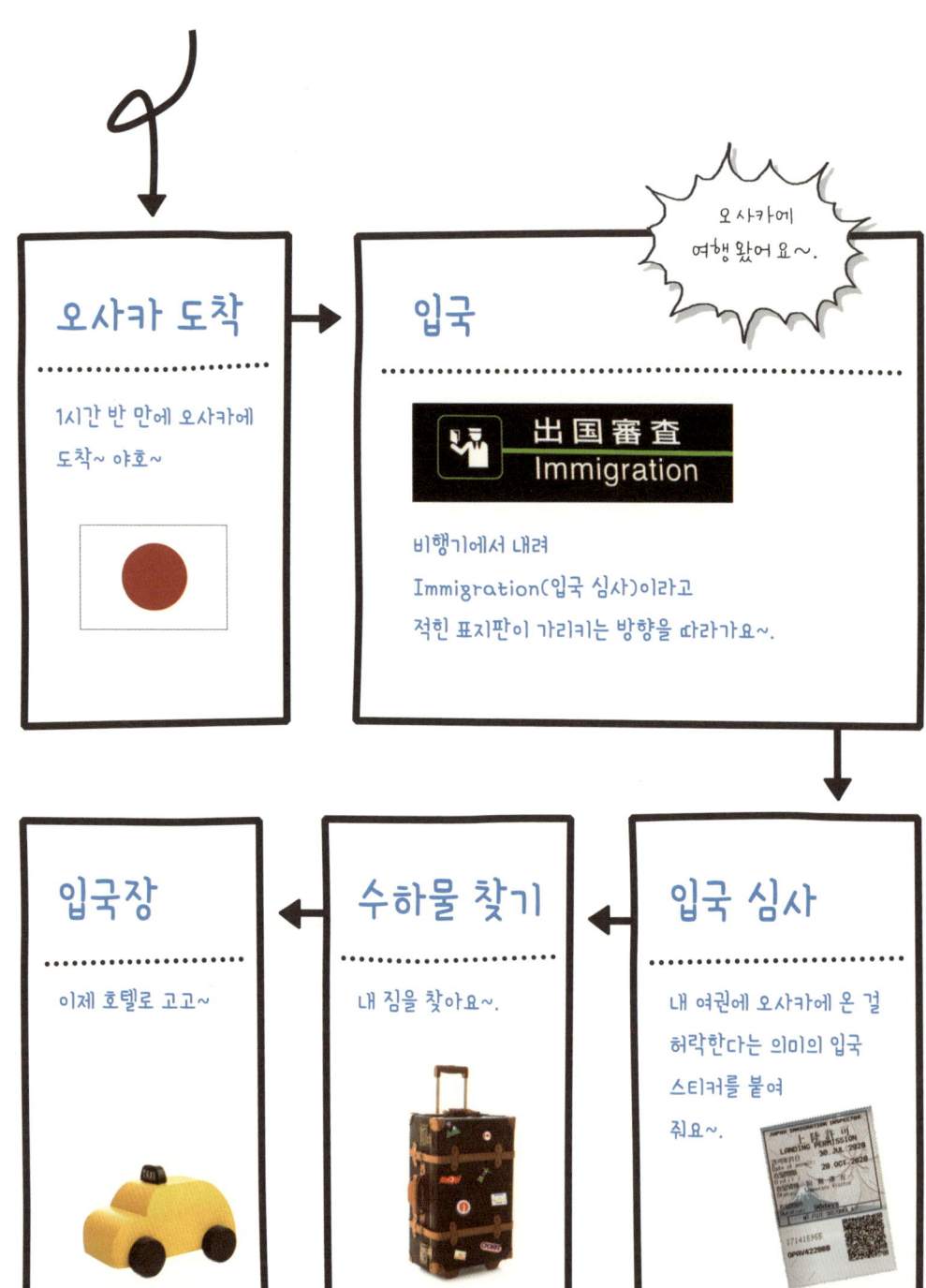

First Impression...

오사카의 첫인상은 어땠어?

오사카 공항에 도착했을 때, 공항에서 호텔로 가는 길에, 호텔에서….
첫 느낌은 딱 한 번이니까 잊기 전에 꼭 기록해 둬.

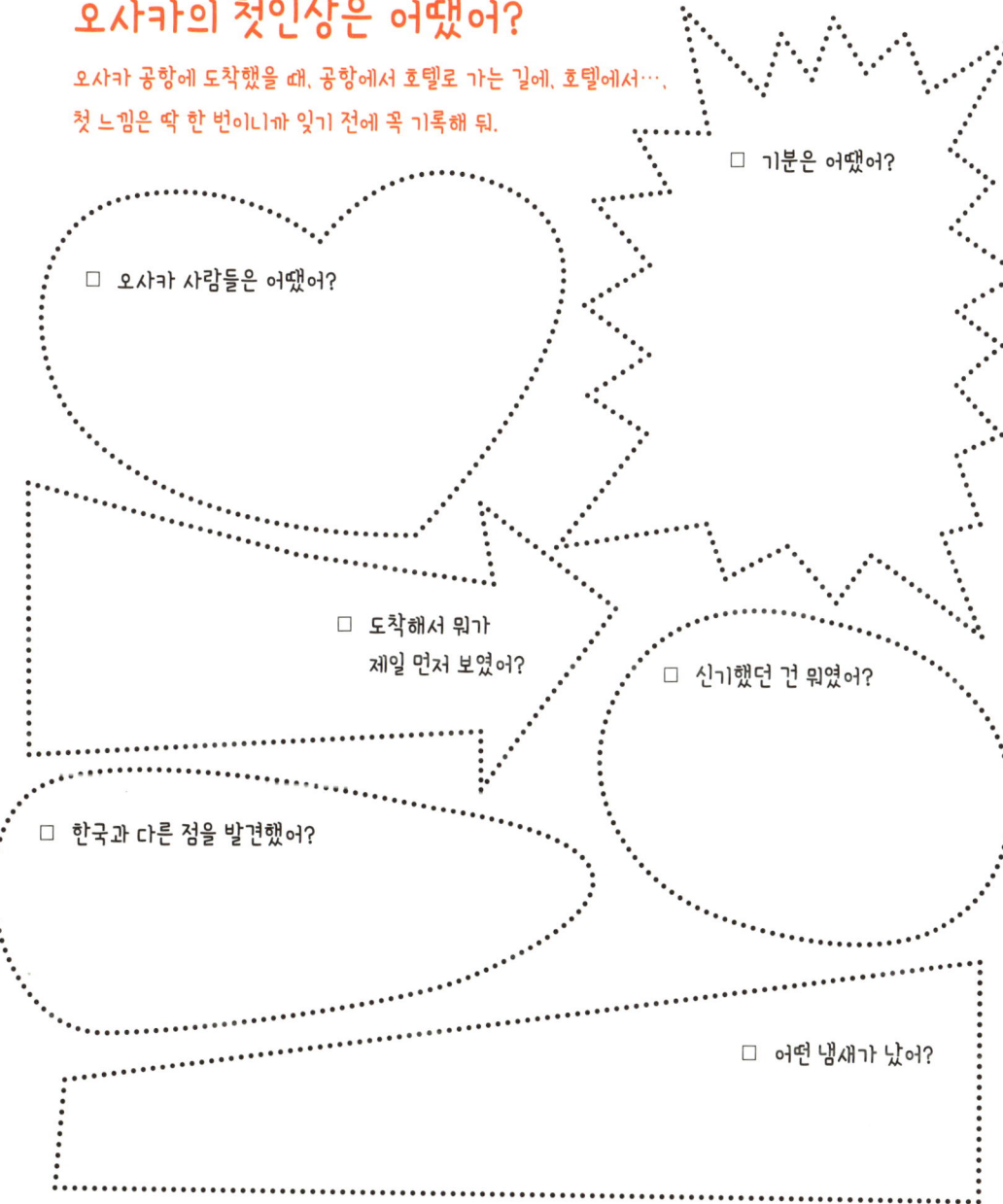

□ 기분은 어땠어?

□ 오사카 사람들은 어땠어?

□ 도착해서 뭐가 제일 먼저 보였어?

□ 신기했던 건 뭐였어?

□ 한국과 다른 점을 발견했어?

□ 어떤 냄새가 났어?

about Osaka

오사카는 어떤 곳일까?

일본과 우리나라를 비교해 볼까?

중앙의 붉은 원은 태양을 의미해!

도쿄	수도	서울
총리	최고 통치자	대통령
약 37.8만km²	크기	약 10만km²
약 1억 2천만 명	인구	약 5천1백만 명
엔 JPY(¥)	화폐	원 KRW(₩)
일본어	언어	한국어

about Osaka

국기는 어떻게 생겼어?

일본의 국기를 일장기라고 하고 '히노마루(ひのまる)'라고 불러. 일장기는 흰색 바탕에 빨간 동그라미가 그려져 있어. 간단하고 강렬해 보이지? 가운데 빨간색 원은 둥근 해를 의미해. 옛날부터 일본 사람들은 일본에서 태양이 나온다고 생각했거든. 일본(닛폰 日本)이라는 이름도 '태양이 떠오르는 땅'이라는 의미야.

> 1872년 메이지 왕 시절에 최초로 철도가 개통되었는데 그때 처음으로 사용했대.

※ 일본(日本)이라는 나라 이름은 일본어로 '닛폰'(にっぽん) 또는 '니혼'(にほん)이라고 한다. 왜 이름이 두 개일까? 한자를 읽는 방식이 여러 가지이기 때문이다.

일본의 역사가 궁금해~

조몬·야요이 시대
기원전 13,000여 년 ~ 기원후 350여 년

조몬시대에는 석기를 사용했고, 야요이 시대에는 청동기와 철기를 사용했대.

아스카·나라 시대
592~794년

일본이 처음으로 하나의 통일 국가가 된 뒤 천황이 다스리는 나라가 됐어. 일본은 우리나라와 중국으로부터 다양한 문물을 받아들였는데, 특히 백제로부터 불교문화가 전파돼 많은 불상을 만들고 사찰을 지었어. 이때가 일본의 불교문화 전성기였어.

헤이안 시대 794~1192년

이때 '일본'이라는 나라 이름을 처음으로 사용하기 시작했어. 이 시대에는 헤이안(현재의 교토)으로 수도를 옮겼고, 일본의 문화가 독자적으로 발전했어. 특히 문학과 예술 분야에서 눈부신 성과를 이루었어. 헤이안 시대에는 귀족 사회가 형성되었는데, 귀족을 지키기 위해 농민보다는 높고 관리보다는 낮은 지위의 사무라이(侍, 무사)가 생겨났어.

가마쿠라·무로마치·전국 시대
1192~1573년

- 가마쿠라 시대에는 귀족이 아닌 무사 계급인 미나모토노 요리토모가 실권을 장악했어. 정치, 사회, 문화의 중심도 무사였고 토지 소유권도 무사에게 집중됐어.

- 무로마치 시대는 조선과 동시대야. 무역과 상업이 활발해지면서 일본의 경제가 부흥하기 시작했고, 중국에서 온 차 문화가 일본 특유의 문화로 발전했어.

- 전국 시대는 일본이 가장 혼란스러웠던 시기야. 천왕이 있었지만 무사의 우두머리인 쇼군이 나라를 다스렸어. 우리가 잘 아는 도요토미 히데요시도 전국 시대의 대표적인 쇼군 중 한 명이야.

about Osaka

에도 시대 1603~1867년

에도 시대는 도쿠가와 이에야스가 에도 막부(일본의 군사정권)를 세우고 일본 최고의 지배자가 되면서 시작됐어. 에도 시대는 가장 오랜 기간 지속되었고 일본 문화와 사회에 가장 큰 영향을 미쳤어. 기모노(일본의 전통 의상), 사무라이 문화, 스모(우리의 씨름과 비슷한 일본의 전통 스포츠), 가부키(화려한 분장의 전통극) 등 우리가 일본하면 떠오르는 이미지가 이 시대와 비슷해.

메이지·다이쇼·군국주의 시대 1868~1945년

내각 제도와 교육 제도를 새로 만들고 경찰 조직도 정비했어. 뿐만 아니라 독일 헌법을 참고해 메이지 헌법도 만들었지. 메이지 천황은 수도를 에도(도쿄의 옛 지명)로 옮기고 '도쿄'라고 했어. 근대화에 성공한 일본은 청일 전쟁(1894)과 러일 전쟁(1904)을 일으키고, 1910년에는 대한 제국(조선의 나라 이름)을 지배했지. 만주사변(1931)과 중일 전쟁(1937)을 일으킨 일본은 1941년에 미국 진주만을 기습공격하며 태평양 전쟁을 시작했어. 하지만 미드웨이 해전에서 패하고, 1945년 히로시마와 나가사키에 원자폭탄이 떨어지면서 항복했어.

현대 1945년~

전쟁에 진 이후, 일본은 새로운 헌법과 교육 제도를 만들었어. 그리고 아시아에서 최초로 올림픽을 개최했어(1964). 1964년 도쿄 올림픽을 계기로 OECD(Organization for Economic Cooperation and Development, 경제협력개발기구)에 가입한 일본은 선진국의 반열에 올랐어.

어디에 있어?

일본은 한국과 아주 가까워.
일본의 수도인 도쿄는 한국에서 비행기를 타고 2시간 반이면 갈 수 있어. 오사카는 그보다 더 가까워서 1시간 반이면 도착해.

'불의 고리(Ring of Fire)'라는 말을 들어 본 적 있니? '불의 고리'는 세계에서 지진과 화산이 빈번하게 일어나는 지역을 말하는데, 그 지역을 연결한 모양이 '반지(ring)'와 비슷해서 붙여진 이름이야. 이 지역에는 전 세계 화산의 60%가 모여 있기 때문에 하루도 조용할 날이 없대.

일본은 '불의 고리'에 속한 나라라서 지진이 자주 발생해. 그래서 일본의 건물들은 모두 웬만한 지진을 견뎌 낼 수 있도록 지어졌어.

날씨는 어때?

오사카는 습한 아열대 기후야. 비가 자주 오기 때문에 일년 내내 습도도 높고 흐린 날이 많지. 여름(7, 8월)에는 섭씨 30도를 넘어. 겨울은 기온이 온화한 편이라 영하인 날이 거의 없어.

about Osaka

9~11월

시원한 날씨와 멋진 단풍 때문에 오사카의 가을을 좋아하는 사람들이 많아. 아침저녁으로 일교차가 큰 편이야.

12월
일년 중 가장 건조한 시기야. 우리나라의 늦가을처럼 쌀쌀해서 긴팔 옷에 따뜻한 외투도 필요해.

봄이랑 가을 여행하기 가장 좋은 날씨야~.

1~2월
오사카에서 기온이 가장 낮은 달이야. 하지만 우리나라의 겨울보다는 따뜻해.

3~5월
오사카의 봄! 일본의 대표적인 벚꽃을 볼 수 있는 계절이야. 특히 4월이 절정이야.

6~8월

오사카의 여름! 6월부터 비가 많이 오는 장마가 시작돼. 7~8월은 가장 덥고 습도도 높아.

연도가 우리랑 달라

우리는 연도를 서기로만 표기하지만, 일본은 서기와 연호를 함께 사용해. 연호는 일본의 연도를 부르는 방식을 말하는데, 일본어로 元号(겡고-)라고 해. 645년부터 사용하기 시작해서 지금도 여전히 사용하고 있어.

일본은 국왕의 나라라서 왕이 바뀌면 바뀐 왕의 이름으로 연도를 바꾸는데, 그걸 연호라고 해. 지금의 왕은 2019년에 왕위에 오른 레이와 왕이야. 그래서 2019년을 레이와 1년으로 표기해. 만약 2026년이라면 레이와 8년이 되는 거지.

令和 8年

돈은 어떻게 생겼어?

우리나라의 지폐나 동전 같은 화폐를 '원화'라고 하잖아? 일본은 엔(円, YEN)이라고 하고, ¥이라고 표기해. 일본 화폐에는 특이하게 영어와 한자만 표기되어 있어. 1엔은 원화로 10원 정도야. 100엔은 1,000원 정도인 셈이지. 환율은 매일 변하니까 여행 가기 전에 '일본 환율'이라고 검색해서 확인해 봐.

일본어는 우리와 달리 띄어쓰기를 하지 않아. 게다가 세로로 쓰는 경우도 많아서 신기해.

어떤 언어를 써?

일본은 일본어를 사용해. 일본어는 한자와 히라가나, 가타카나 3가지 문자가 섞여 있어. 히라가나는 한자를 흘려 쓴 글자이고, 가타카나는 한자의 한 쪽만 떼어내 만든 글자야. 가타카나는 주로 외래어, 의성어 등을 표기할 때 사용해.

about Osaka

▲ 1엔

▲ 5엔

10엔 ▶

500엔 ▲

 50엔 ▶

100엔 ▶

우리와 달라~

전압이 달라

우리나라는 220V 전압을 사용하지만 일본의 전압은 100V야. 콘센트 모양도 우리와 달라. 그래서 오사카에서 사용하고 싶은 전자제품이 있다면 부모님과 상의해서 전압과 플러그 모양을 바꿔주는 어댑터를 챙겨가야 해.

일본 사람들은 튼튼한 우산을 좋아해~!

장우산을 주로 써

일본에서는 접는 우산을 사용하는 사람을 찾기 힘들어. 대부분이 장우산을 써. 비바람에 잘 견디고 자전거를 타고 사용하기에도 장우산이 더 좋기 때문이야. 일본의 자전거에는 우산 거치대가 있어서 장우산을 고정시킬 수 있거든.

걷는 방향이 달라

우리는 에스컬레이터나 계단에서 오른쪽으로 걷지만, 일본에서는 왼쪽으로 걸어야 해. 오사카에는 외국인 관광객이 많아서 오른쪽으로 통행하는 곳도 있으니 바닥의 표시를 잘 살펴봐!

자동차 운전자석 위치가 달라

일본의 운전자석은 오른쪽에 있어. 그래서 택시나 버스의 타고 내리는 문은 왼쪽에 있지. 자동차 운행 방향이 우리와 반대인 왼쪽 차선이기 때문이야. 처음에는 어색하지만 차츰 적응될 거야.

about Osaka

돈은 접시에 놓아주세요!

계산할 돈은 접시 위에!

상점이나 음식점에서 계산할 때 현금이나 신용카드를 손으로 주고받지 않고 반드시 잔돈용 접시를 사용해. 접시를 사용하면 거스름돈을 한 눈에 확인할 수 있고 손으로 건네는 것보다 정중하며, 일본 사람들이 타인과의 신체 접촉을 꺼리기 때문이래.

일본 사람들은 뭐 타고 다녀?

지하철
오사카의 지하철

일본에서는 지하철(전철)을 덴샤(でんしゃ)라고 해. 지하철을 타면 오사카는 물론 교토, 나라, 고베 등의 도시로 편리하게 이동할 수 있어. 오사카에는 9개의 노선이 있는데 빨간색의 미도스지 선(Midosuji Line)과 초록색의 주오 선(Chuo Line)에 관광 명소가 몰려 있어.

지하철 역 이름과 함께 기호 표시가 되어 있어서 쉽게 역을 찾을 수 있어!

- 덴진바시스지로쿠초메
- 우메다
- 유니버셜 시티
- 다니마치 욘초메
- 오사카코
- 신사이바시
- 난바

지하철에서 이건 꼭 지켜 줘~

일본 사람들은 질서를 잘 지키기로 유명해. 스크린 도어 앞에서 줄 서서 기다리고, 지하철을 탈 때도 사람들이 내린 뒤 타야 해.

일본에서는 지하철에서 큰 소리로 통화하거나 얘기 나누는 사람이 거의 없어. 예의가 아니라고 생각하거든. 마치 도서관처럼 조용해서 낯설더라도 일본의 문화니까 따르도록 해!

● 이코카 카드
ICOCA Card

ICOCA는 行こうか?로 '갈까?'라는 의미야.

일본 전역에서 사용할 수 있는 교통카드야! 이코카 카드는 우리나라의 교통카드와 비슷한데 대중교통 외에도 편의점, 일부 식당, 자판기에서도 사용할 수 있어. 12세 이하 어린이용 카드는 지하철 역 창구에서 구입할 수 있어. 연령 확인을 위해 여권을 꼭 가지고 가야 해!

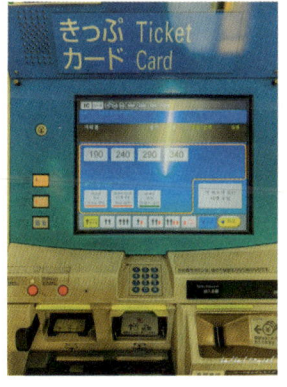

● 승차권 Ticket

1회 승차권은 작은 종이 티켓이야. 티켓 발권기에서 구입하면 되는데 한국어 지원이 되기 때문에 어렵지 않아.
'한국어' 선택하고, '가려는 역' 선택하고 '어린이' 선택하면 끝!

개찰구에 티켓을 넣으면 앞쪽으로 티켓이 다시 튀어나와. 나올 때도 티켓을 넣어야 하니까 꼭 챙겨가야 해!

about Osaka

● 택시
비싸지만 편해~

택시 요금이 한국보다 조금 더 비싼 편이지만, 짐이 많거나 가족 여러 명이 가까운 거리를 함께 이동해야 할 때 택시를 이용하는 것도 좋은 방법이야. 택시 기사님께 목적지나 가야 할 곳의 주소를 일본어로 보여주면 더 정확하게 갈 수 있어.

*** 일본 택시는 자동문이야!**

일본의 택시는 운전석에서 레버를 당기면 열리는 자동문이야. 그래서 타고 내릴 때 택시문을 열려고 하면 안 돼. 기사님이 열어주시니까 조금만 기다려~!

● 자전거
이곳은 자전거의 천국~

일본 사람들의 자전거 사랑은 엄청나. 교통비가 비싼 일본에서 자전거는 가까운 거리를 다닐 수 있는 가장 좋은 수단이거든. 그래서 어린이용 보조 좌석 장치가 달려있는 자전거가 많아.

버스
오사카 거리 구경에 딱이야~

일본 택시는 장난감처럼 작고 귀여워~!

오사카는 버스 보다 지하철이 더 발달해 있어. 하지만 오사카의 구석구석을 다니거나 오사카 거리 구경을 하며 이동하고 싶다면 버스가 딱이야. 이코카 카드가 있다면 버스도 자유롭게 탈 수 있으니 한번 시도해 봐.

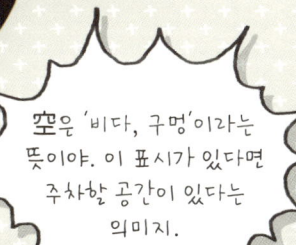

空은 '비다, 구멍'이라는 뜻이야. 이 표시가 있다면 주차할 공간이 있다는 의미지.

내릴 때 요금을 내요!

일본에는 자전거를 이용하는 사람들이 많아. 그래서 자전거 전용 주차장도 쉽게 볼 수 있어. 자전거를 타고 가다가 다른 교통수단으로 갈아타야 할 때도 많이 이용해서 지하철 역 근처에서 쉽게 볼 수 있어. 주차장의 크기가 꽤 커서 신기해!

* 이건 알아두자!

☐ 뒷문으로 타고 앞문으로 내려!
☐ 요금은 내릴 때 내!
☐ 버스에 동전 교환기가 있지만 교환되지 않는 경우도 있으니 요금을 정확히 준비하는 게 좋아.
☐ 내릴 때는 우리나라처럼 벨을 눌러.

about Osaka

오사카는
재밌어~

재미있는 일본어

'도-모'는 '감사합니다'라는 의미로도 쓰여. 완전 만능어야.

도-모 どうも

'도-모'는 가벼운 인사말로 사용해. 일본은 우리와 달리 아침, 점심, 저녁에 하는 인사가 달라. 그래서 좀 어렵게 느껴지는데 그럴 때는 웃으면서 '도-모'라고 하면 '안녕하세요'라는 의미가 돼. 헤어질 때 '잘 가'라는 의미로도 사용할 수 있어!

맛있어요!
美味しいです。

오이시-데스

최고예요!
最高です。

사이코-데스

너무 좋아요!
うれしいです。

우레시-데스

> 그냥 '아리가또-'라고 하면 '고마워'라는 반말이 돼.

스미마셍 すみません。

일본에서 가장 많이 듣게 되는 말일 거야. '미안합니다'라는 의미인데, 사람이 많은 곳에서 지나가고 싶어 '실례합니다'라고 말할 때, 식당에서 '여기요'라고 직원을 부를 때도 사용해.

아리가또-고자이마스 ありがとうございます。

'감사합니다'라는 뜻이야. 하루에도 몇 번을 사용하게 될 말이야. 말할 때 '또'를 길게 빼서 발음해야 하는 것도 기억해 둬!

아싸
やった
얏따

네
はい
하이

아니요
いいえ
이-에

맛있는 오사카

돈가스

일본식 돈가스는 도톰한 돼지고기에 튀김옷을 입혀 기름에 튀겨내는데, 겉은 바삭하고 속은 촉촉해. 사용하는 고기에 따라 히레(안심)와 로스(등심)로 나뉘어.

카츠동

밥 위에 양파, 달걀과 함께 익힌 돈가스를 얹어 먹는 덮밥이야.

'오코노미'는 '취향'을 의미. 말대로 취향에 맞게 구워먹는 음식이야.

오코노미야키

일본식 부침개. 물, 달걀, 밀가루를 섞은 반죽에 양배추, 고기, 오징어 등을 넣고 돼지기름에 노릇노릇 구워낸 음식이야.

라멘

우리가 먹는 라면과는 완전히 달라. 돼지와 닭 뼈를 오래 푹 고아 만든 국물에 튀기지 않은 생면과 다양한 고명을 얹어 먹는 일본 국민 음식이야.

> 7가지 재료를 섞어 만든 시치미를 뿌려 먹어.

카츠네 우동

오사카의 우동은 간장과 가츠오부시, 말린 고등어, 멸치 등을 사용해서 만든 국물에 도톰한 생면을 익혀 먹는 음식이야. 그중에서도 달콤하게 간을 한 큰 유부가 올라간 키츠네 우동이 유명해.

스시

일본의 대표 음식. 식초로 간을 한 밥에 생선이나 생선 알, 채소 등을 얹거나 말아 만든 요리야. 현지에서 먹는 스시 맛은 특별해.

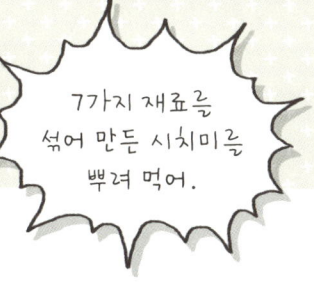

타코야키

오사카의 대표 먹거리야. 양념한 밀가루 반죽에 잘게 썬 문어를 넣고 탁구공 모양으로 구워 낸 음식이야. 소스를 바르고 가쓰오부시와 김가루를 뿌려 먹어.

> 가쓰오부시가 살아있는 듯 춤을 춰! 가쓰오부시는 가다랑어 생선을 훈제한 거야.

덴푸라

덴푸라는 '튀김'을 의미하는 일본말이야. 일본에서 먹는 튀김은 눈이 휘둥그레지는 맛이야.

덴돈

밥 위에 튀김 등을 얹고 소스로 간을 한 덮밥이야. '텐동'이라고 발음하기도 해.

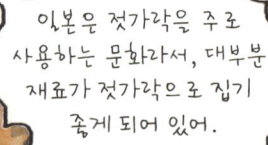

일본은 젓가락을 주로 사용하는 문화라서, 대부분 재료가 젓가락으로 집기 좋게 되어 있어.

오반자이

교토의 가정식 요리야. 옛날에 가정에서 먹던 반찬을 '오반자이'라고 했대. 그래서 밥과 국, 교토에서 나는 재료로 만든 다양한 반찬이 기본으로 제공돼.

about Osaka

쿠시카츠

오사카에서 탄생한 고소한 꼬치 튀김 요리. 꼬치에 고기, 새우, 닭고기, 소시지, 채소 등을 끼워 바삭하게 튀긴 음식으로 소스에 찍어 먹어.

말차

일본에는 초록색 디저트가 참 많아. 일본의 '말치'기 들어가기 때문이야. 녹차 잎을 증기로 찐 다음 건조시킨 후 아주 미세한 가루로 만든 거야.

> 말차 초콜릿, 말차 아이스크림, 말차라떼, 말차 쿠키 등에 다양하게 사용돼.

편의점 간식

오사카 친구들은 뭘 좋아해?

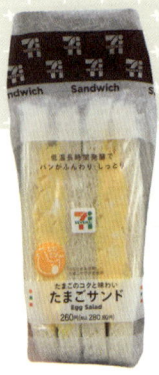

일본 가면 꼭 먹어야 하는 '세븐일레븐'의 달걀 샌드위치
부드럽고 고소한 맛이 끝내줘~!

빵의 쫀득한 식감이 최고인 '로손'의 모찌롤
발견하면 무조건 사야해!

고소하고 입에서 살살 녹는 푸딩
1일1푸딩 해야 해!

새콤 달콤함이 폭발 레몬 캬라멜
피곤함이 싹 사라지는 맛

일본의 국민 음료수 칼피스
유산균도 풍부하다고?

편의점 인기 아이템 삼각김밥
원조의 맛은 역시 달라

평범함을 거부하는 '세븐일레븐' 딸기 초콜릿
달콤새콤 프리미엄 디저트

about Osaka

진짜 옥수수가 가득한
'세븐일레븐'의 옥수수빵
맛이 없을 수가없는 조합

일본 국민 과자
가자리코
무슨 맛을 먹을까~?

자꾸 손이 가는
'로손' 닭튀김
포장부터 맘에 들어~.

치킨 전문점 맛 그대로
'페밀리마트' 치킨
크기도 엄청나!

'로손'의 초코빵
초코데니쉬
쫀득한 빵 사이 초콜렛이 쏭쏭

우유맛이 풍부한
'세븐일레븐' 아이스크림
고~급스러운 맛이야!

믿고 먹는
기꼬만 두유
종류가 엄청 다양해~.

오사카의 이색 공간

캐릭터 숍

♥ **키디랜드**
도라이몽, 호빵맨, 지브리 등 온갖 캐릭터의 장난감들이 가득한 곳이야. 일본에 여러 지점이 있는데 오사카와 교토에도 있어.

♥ **무기와라 스토어**
일본 유명 애니메이션인 원피스의 캐릭터 상품을 주로 판매하는 곳이야.

오사카 최대 문구 도매점

일본의 문구류는 품질에 있어 세계 최고를 자랑해. 하지만 비싸서 살까 말까 고민했다면 저렴하게 살 수 있는 문구 도매점을 추천해.

♥ **시모지마**
문구류뿐만 아니라 사무용품, 포장이나 수공예 재료까지 취급하는 곳이야. 일본의 전통 색종이나 스티커, 마스킹 테이프 등도 구입할 수 있어.

♥ 포켓몬센터

전 세계적으로 인기를 끌고 있는 포켓몬 숍. 오사카 스테이션 시티 13층에 있어. 캐릭터 인형과 상품, 게임기 등 포켓몬 세상이야.

♥ 포켓몬 카페

포켓몬 센터에 있어. 인기가 많기 때문에 인터넷으로 미리 예약을 하고 가야 해.

♥ 디즈니 스토어

오사카에 디즈니랜드는 없지만 디즈니 캐릭터 제품을 총망라한 디즈니 스토어가 있어! 오사카에 3군데가 있으니 가까운 곳에 들러 봐!

설레는
가챠숍

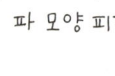

뽑는 기계에서 나는 소리가 의성어인 가챠가챠(がちゃがちゃ)처럼 들려서 가챠숍이라고 해. '가챠가챠'는 '철컥철컥, 와글와글' 정도의 의미야.

가챠숍은 일본 남녀노소 누구에게나 사랑받는 곳이야. 동전을 넣고 돌리면 아이템이 나오는데, 어떤 게 나올지는 아무도 모른다는 거~.

가챠 기계마다 캐릭터와 제품의 종류가 달라서 골라 뽑는 재미가 쏠쏠해~!

파 모양 피리

일본 버스 하차벨! 버튼을 누르면 불도 들어오고 안내 방송도 나와.

과자, 음료, 푸딩 등 일본의 유명 먹거리가 열쇠고리로~!

미니어처 자판기! 버튼을 누르면 아래로 미니어처 음식이 나와.

짱구, 마이멜로디, 포켓몬, 키티 등 캐릭터가 가득해~!

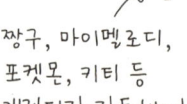

뽑는 재미와 귀여운 캐릭터 제품 때문에 시간가는 줄 모르겠어~!

씨-플라
도톤보리에서 가까운 가챠 숍이야. 피규어, 키링, 인형 등 종류가 정말 다양해.

가챠가챠 정글
요도바시카메라 5층에 있어. 가챠 말고도 다양한 장난감과 게임 등이 있어서 눈이 돌아가~!

gashacoco 가챠코코
오사카에 여러 개의 지점이 있어. 난바 에비스바시의 상가 7층에 있는 곳은 1,300여 대의 가챠 기계가 있는 꽤 큰 가챠숍이야.

가챠가챠의 숲
우메다 지점은 오사카 최대 규모의 가챠숍이야.

안녕!

난 오사카의 니시 구에 살고 있는 12살 쇼타라고 해.

사람들은 오사카에 오면 제일 하고 싶은 게 맛있는 음식을 먹는 거라고 해.

그만큼 오사카엔 맛있는 음식이 많아. 넌 오사카에서 뭐 먹고 싶어?

난 '타코야키'가 세상에서 제일 좋아. 빵처럼 폭신하고 고소한데

쫄깃한 문어가 톡톡 씹히는 재밌는 맛이거든. 너무 맛있어서 10개

이상 먹을 수 있어. ㅎㅎㅎ 너도 잊지 말고 꼭 먹어 봐!

난 나중에 오사카 최고의 타코야키 요리사가 될 거야.

아빠가 토톤보리에 있는 할아버지의 타코야키 가게에서 일하시는데,

아빠에 이어 나도 그 가게에서 일하고 싶거든. '도톤보리'라는 곳은

타코야키 말고도 일본을 대표하는 스시, 라멘, 우동, 쿠시카츠 등

다양한 종류의 음식을 맛볼 수 있는 곳이야. 그래서 오사카에 오면

도톤보리는 꼭 가봐야 해. 알았지? 도톤보리에서 맛있는 음식도 먹고

유람선도 타고, 글리코 러너랑 사진도 찍으며 즐거운 시간 보내~

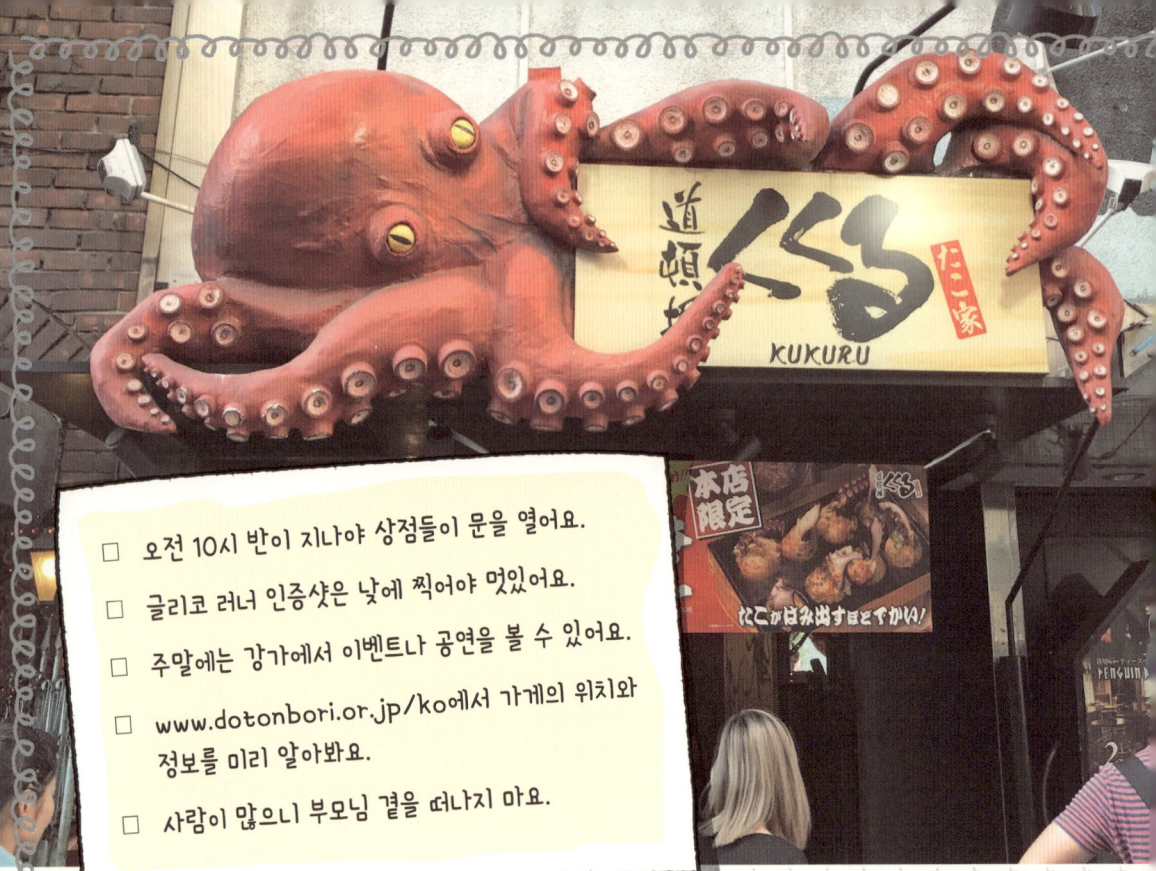

- ☐ 오전 10시 반이 지나야 상점들이 문을 열어요.
- ☐ 글리코 러너 인증샷은 낮에 찍어야 멋있어요.
- ☐ 주말에는 강가에서 이벤트나 공연을 볼 수 있어요.
- ☐ www.dotonbori.or.jp/ko에서 가게의 위치와 정보를 미리 알아봐요.
- ☐ 사람이 많으니 부모님 곁을 떠나지 마요.

도톤보리

오사카의 최대 음식 타운 ★ '오사카에서는 먹다가 하루가 끝난다'는 말이 있다. 도톤보리에는 이 말을 실감할 수 있을만큼 유명한 맛집이 모여 있다. 특히 이곳의 타코야키는 일본에서도 가장 맛있기로 소문나 있다. ★ 강 주변으로 음식점들이 빽빽하게 늘어서 있는데, 가게마다 기발하고 재치 있는 간판과 장식을 내걸고 있어서 간판을 구경하는 것만으로도 재미있다. 거리를 걷다 잠시 멈춰 머리 위 간판을 눈여겨보자. ★ 어둠이 깔리면 화려한 불빛 때문에 낮과는 전혀 다른 모습으로 바뀐다. ★ 도톤보리의 가게들은 대부분 앞뒤로 출입구가 나 있다. 지하 1층의 문은 도톤보리 강의 산책로와 연결되고, 1층의 문은 맛집 거리와 연결된다.

백제인 후손이 도톤보리 강을 만들었다고?

도톤보리 한복판을 흐르는 도톤보리 강을 만든 사람이 우리 백제인의 후손이라는 이야기가 있다. 이 지방의 호족(지방의 토착세력)이었던 나리야스 가문이 1612년에 오사카 중심부의 동서 교통을 잇기 위해 자신의 재산을 몽땅 털어 '도톤보리 운하'를 만들기 시작했는데, 이 가문이 백제 왕족이었던 사카노우에 다무라마로(坂上田村麻呂, 758~811)의 후손이었다고 한다.

도톤보리 강은 2000년대 초까지만 해도 중금속과 발암물질이 나오는 강이었다. 친환경 정책과 10년 이상의 꾸준한 정비 사업 덕분에 지금은 맑은 강물과 깨끗한 산책로가 있는 명소가 되었다.

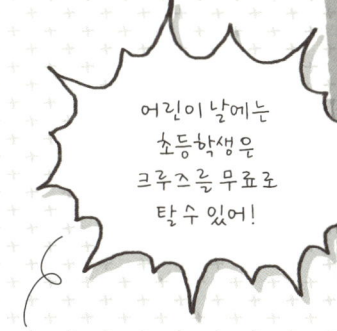

어린이 날에는 초등학생은 크루즈를 무료로 탈 수 있어!

일본은 3월 3일이 여자 아이의 날, 5월 5일이 남자 아이의 날이야. 하지만 모두 모든 아이들이 즐거워하는 날이지~.

글리코 러너
여기서 가장 오래된 간판과 찰칵!

도톤보리에 온 사람은 누구나 글리코 러너 (Glico Runner)를 배경으로 기념사진을 찍는다. 도대체 이 간판은 뭘까? 오사카에 본사를 둔 '에자키글리코'라는 일본의 대형 제과회사의 기업 이념인 '맛과 건강'을 홍보하기 위한 간판이다. 1935년 처음 세워진 이후 여러 번의 교체를 거친 역사 깊은 간판으로, 현재는 6번째인 '6대 러너'의 모습이다.

글리코 러너와 찰칵! 에비스 다리에서 찍는 게 가장 잘 나와.

도톤보리 유람선
강 위에서 도톤보리를 즐겨~

유람선을 타고 감상하는 도톤보리는 또 다른 재미가 있다. 한국어 가이드가 없다고 실망할 필요는 없다. 도톤보리 강과 주변의 시끌벅적한 모습을 보는 것만으로도 만족하게 될 테니까~!

리버 크루즈는 이 건물 앞에서 타면 돼.

★ 주유패스가 있다면 리버 크루즈와 원더 크루즈를 무료로 탈 수 있어. 타기 전 주유패스를 보여주고 무료 티켓을 받아야 해.

쿠이타오레타로
먹다 죽자고 하는 마스코트가 있어

쿠이타오레타로(くいだおれ太郎)는 도톤보리의 대표 명물 중 하나다. 가게를 홍보하는 인형인데, '쿠이타오레'라는 가게 이름에 장남을 뜻하는 '타로(郎)'가 붙어 지어진 이름이다. 2008년 가게는 문을 닫았지만 쿠이타오레타로는 이곳에 남아 마스코트가 됐다.

★ '쿠이타오레'에서 '쿠이'는 '먹다', '타오레'는 '쓰러지다'라는 뜻! '먹다가 쓰러지다', 즉 그만큼 오사카엔 맛집이 많다는 의미야. 그래서 쿠이타오레타로는 이곳의 마스코트가 된 거래.

이치비리안
오사카 기념품을 사고 싶다면 이곳으로~

도톤보리를 걷다 보면 눈에 확 띄는
기념품 숍을 발견하게 된다. 북 치는 피에로 소년 쿠이타오레타로 옆 건물에 있는 이치비리안(いちびり庵)이라는 곳인데, 이 가게는 오사카 기념품만을 모아 놓은 곳이다. 과자, 빵 등 다양한 식품과 인형, 키링, 파우치, 문구류 등 종류도 다양하다. 쿠이다오레타로의 과자와 기념품도 많다.

타코야키 모형 만들기
내 기념품은 내가 만들어~

코나몬 뮤지엄 3층에 타코야키 모형을 직접 만들 수 있는 곳이 있다. 가짜 반죽과 모형 식재료로 예쁜 타코야키 2개를 만든다. 수업은 일본어로 진행되지만 선생님이 하나하나 시범을 보여주기 때문에 일본어를 몰라도 멋진 작품을 만들 수 있다.

★ '코나몬'은 밀가루나 쌀가루를 이용해서 만든 음식을 뜻하는데, 오사카 사투리야.

예약은 필수야!

★ 순서대로 따라 하기만 하면 돼!

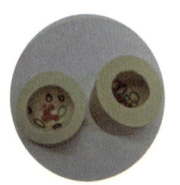
틀에 모형 재료를 넣는다.

틀에 모형 반죽을 붓는다.

모형 반죽의 겉을 굳히고 속은 버린다.

다시 한 번 모형 반죽을 붓는다.

짜—잔!!

소스와 모형 가루를 뿌리고 한 번 더 굳히면 완성!

타코야키처럼 색칠을 한다.

모형 재료와 꾸미는 재료를 넣고 굳힌다.

타코야키에서 '타코'는 '문어', '야키'는 '굽다'라는 뜻이야. 동그란 반죽 속에 문어가 숨어 있거든~.

타코야키 만들어 먹기
내가 좋아하는 재료를 많이 넣어~

내가 직접 만들어 먹는 타코야키는 유명 타코야키 전문점 보다 맛있는 법! 코나몬 뮤지엄의 지하 1층에는 직접 타코야키를 만들어 먹는 특별한 공간이 있다. 기본 재료에 내가 좋아하는 재료를 추가하면 타코야키 틀과 조리 도구를 주는데, 이 틀과 조리도구로 직접 만들면 된다. 체험 수업은 일본어로 진행되지만, 강사가 단계마다 시범을 보여주기 때문에 크게 걱정할 필요는 없다.

내가 시범 보여 줄테니 잘 따라 해 봐~!

★ 타코야키 이렇게 만들어!

① 틀에 기름칠을 하고 반죽을 붓는다.

② 그 위에 재료를 골고루 올린다.

④ 도구로 튀어나온 반죽을 안쪽으로 말아 넣는다.

③ 반죽이 부풀어 오르면 도구로 구에 맞춰 반죽을 나눈다.

⑤ 노릇노릇하게 구워질 때까지 굴려서 완성!

완성~!

거리를 걷다 발견한 신기한 풍경

재밌는 간판들

도톤보리에서는 유명한 요리를 골라 먹는 재미도 있지만 길거리의 화려하고 기발한 간판들을 보는 재미도 쏠쏠하다. 특히 난바역 14번 출구로 나와 쭉 걸으면 유명하고 재미있는 간판을 쉽게 볼 수 있다.

1층에서는 타코야키를 맛볼 수 있고, 2층에서는 코나몬과 소스에 대한 역사자료를 볼 수 있어. 3층에서는 타코야키 모형만들기 체험을 할 수 있어.

코나몬 뮤지엄
타코야키 박물관

난 수컷 문어야. 나의 단짝 암컷 문어는 코나몬 박물관에서 볼 수 있어.

쿠쿠루 도톤보리
타코야키의 대표주자!

쿠시카츠 다루마
오사카 제일의 쿠시카츠를 맛볼 수 있는 곳. '쿠시카츠'는 다양한 식재료를 꼬치에 꽂아 튀긴 음식이다.

즈보라야
복어 요리 전문점. 100kg짜리 대형 모형 복어가 매달려 있다.

카루아저씨
40년의 역사를 가진 과자 '카루'의 광고 간판. 간판 앞에 서 있으면 광고판 화면에 내 모습이 등장~

맥주공장의 컨베이어 벨트를 보고 아이디어를 얻었다고 해.

겐로쿠즈시
최초의 회전 초밥 시스템을 만들어 낸 곳

킨류(金龍)는 금색(金) 용(龍)이라는 의미인데, 용의 배부분이 금색이기 때문이야.

킨류라멘
오사카 3대 라멘 중 한 곳

쇼와호르몬
야끼니꾸 전문점. 숯불구이 식당같은 곳이다.

★ '호루몬 야키(내장구이)'에는 우리의 아픈 역사가 담겨 있어. 일본 점령기 때 많은 조선인들이 일본에 강제 노역으로 끌려갔는데, 조선의 국권이 회복된 후에도 일본에 계속 살게 된 사람들이 많았어. 그 당시 그들은 너무 가난해서 일본인들이 먹지 않고 버리는 소고기의 내장을 얻어와 구워 먹던 데서 '호루몬 야키'가 시작됐대.

大阪城 오사카 황금기의 상징

오사카 성

곤니치와~.

난 게임이랑 애니메이션을 좋아하는 11살 하루토이라고 해.

이번 주에 학교에서 오사카 성으로 견학을 갔는데 엄청 좋았어.

오사카 성은 일본에서도 최고로 꼽히는 성이야. 서울 하면 경복궁이

있듯이 오사카 하면 오사카 성이 대표적이야. 오사카에 왔다면

꼭 가봐야 하는 곳이기도 해. 성 자체도 아주 멋지지만 봄에는

벚꽃이 만발해서 끝내주게 아름다워. 물론 시원한 초록으로 가득한

여름도, 울긋불긋한 단풍으로 가득한 가을도, 새하얀 눈으로 덮힌

겨울도 정말 멋있어. 언제 가더라도 멋진 곳이야.

나는 이곳에서 내가 좋아하는 일본 게임이나 애니메이션에

등장하는 사무라이랑 닌자가 생각나서 더 좋았어. 사무라이랑

닌자가 어딘가에서 짠~ 하고 나타날 거 같았거든. ㅎㅎㅎ

여기에 가면 나처럼 학교에서 견학 온 일본 친구들도 볼 수 있을 거야.

반갑게 인사해 줘~! 알았지?

오사카 성

오사카 최고의 자랑 ★ 오사카 성은 일본의 3대 고성(옛 성) 중 하나인데, 그 중에서도 최고로 꼽힌다. ★ 1583년 도요토미 히데요시는 일본 통일을 꿈꾸며 이곳에 성을 짓기 시작했다. 성을 짓는데 15년이 걸렸고 엄청난 인력이 동원됐다고 한다. ★ 1592년, 히데요시는 우리나라(조선)를 침략해 임진왜란을 일으켰다. 그래서 우리에게 이곳이 그저 아름다운 곳일 수만은 없다. ★ 오사카 성은 1615년 에도막부(도쿠가와 이에야스)가 히데요시를 쓰러뜨리기 위해 벌인 '오사카 여름의 전투' 때 불타 사라졌다. 이후 다시 지었으나 1665년에 다시 소실(불에 타서 사라짐)됐고, 1931년 오사카 시민들의 기부금으로 지금의 오사카 성과 텐슈카쿠(천수각)가 세워졌다.

- ☐ 12월 28일에서 1월 1일까지는 문을 닫아요.
- ☐ 1층에서 한국어 오디오 가이드를 무료로 빌릴 수 있어요.
- ☐ 2층에서 기념 스탬프를 찍을 수 있어요.
- ☐ 엘리베이터로 5층까지 곧장 갈 수 있어요.

오사카 성은 누가 세웠을까?

오사카 성을 지은 도요토미 히데요시는 가난한 농부의 아들로 태어나 어릴 때 절에 맡겨졌다. 그는 나중에 절을 뛰쳐나와 이곳저곳에서 장사하는 기술을 배우다가 한 다이묘(大名 지방영주)에게 인정받아 그의 후계자가 되었고 군사정벌로 일본 전체를 하나로 통일시켰다.

천하를 거머쥔 히데요시는 자신을 도운 다이묘들(지방영주들)에게 많은 토지를 주려했고, 그것이 임진왜란의 시작이었다. 조선과 명나라, 넓게는 인도까지 대륙을 정복하려했다. 15만 명의 일본 병사가 조선을 침략해 순식간에 조선의 수도를 함락시켰지만 이순신의 활약으로 일본 군들은 조선에서 고전을 면하기 어려웠다.

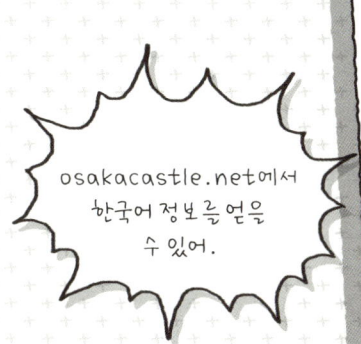

osakacastle.net에서 한국어 정보를 얻을 수 있어.

뭘 보지?

'해자'는 성을 지키기 위해 만든 인공호수야.

해자
수심 6미터의 인공호수로 적들을 막아~

오사카 성에는 적들의 침입을 막기 위해 성 바깥을 따라 빙 둘러 있는 수심 6미터 깊이의 거대한 해자인 소토보리(外堀)가 있다. 해자가 둘러싸고 있는 성벽은 가파르고 높아서 웬만한 공격에는 끄떡없었다고 한다.

★ 이곳은 적들이 침입하기 아주 어려워서 <'난공불락'의 성>이라고도 불렸대. 난공불락(難攻不落)은 '공격하기 어려워서 쉽게 함락되지 않는다'는 의미야.

오테몬
성의 정문에 한국의 흔적이!

일본의 성에서 정문을 오테몬(大手門)이라고 한다. 오사카 성의 오테몬에는 재밌는 이야기가 있다. 이 문을 고려문(高麗門 코라이몬)이라고도 부른다는 것! 우리나라 고려 시대에 일본으로 전해진 건축 양식이기 때문이라고 한다.

철문의 두께가 엄청 두꺼워서 어떤 대포에도 꿈쩍하지 않았을 거 같아.

센간야구라 & 다몬야구라
이래 봬도 중요 문화재라고~

'야구라(櫓)'는 '망루'를 뜻한다. 망루는 외부의 공격으로부터 성을 지키기 위해 성 밖을 감시하고 방어하기 위해 지어진 높은 건물, 혹은 높은 곳에 지어진 건물을 말한다. 센간야구라(千貫櫓)와 다몬야구라(多聞櫓)는 일본의 중요 문화재다.

★ 망루는 공개하는 기간이 따로 정해져 있어. 매표소에서 망루를 공개하는 기간을 확인할 수 있어.

드러난 부분만 60㎡에, 무게가 108톤이나 된대.

사쿠라몬마스카타의 거석
이렇게 큰 돌을 어떻게 옮겼지?

오테몬을 지나면 거대한 돌들을 볼 수 있다. 이렇게 거대한 돌을 놓아둔 것은 지배자의 위력을 보여주고 적의 침입을 막기 위해서였다. 가장 큰 돌인 '사쿠라몬마스가타의 거석(桜門升形の巨石)'은 사쿠라몬(텐슈카쿠로 들어가는 문)을 지나면 볼 수 있다. 돌 표면에 희미한 문어 무늬가 있어서 '타코이시(문어바위)'라고 불리기도 한다.

★ '사쿠라몬'에서 '사쿠라'는 벚꽃을, '몬'은 문을 의미해. 근처에 벚꽃이 많이 펴서 붙여진 이름이야.

텐슈카쿠
오사카 성의 중심

텐슈카쿠(天守閣 천수각)는 오사카 성에서 가장 핵심인 곳이다. 성곽에서 가장 높은 곳에 성을 세워 적의 움직임을 파악하고 군수 물자를 보관했다. 주유패스가 있거나 중학생 이하라면 무료로 입장을 할 수 있다.

★ 꼭대기인 전망대에서부터 내려오며 관람하는 게 좋아. 5층 전용 엘리베이터를 타고 5층까지 가서 계단으로 8층까지 올라가면 전망대가 나와.

2층

오사카 성의 장식품

2층에는 오사카 성 외벽에 있는 금빛 장식물들이 실제 크기로 복제되어 있다.

후세토라

호랑이가 먹이를 노리는 자세를 하고 있는 '후세토라(伏虎)'는 외부의 액운으로부터 성을 지켜준다. 덴슈카쿠 최고층의 동서남북 외벽에 실제 후세토라가 있다.

샤치가와라

용마루 양 끝에 '샤치가와라'가 달려있는데, 머리는 호랑이, 몸은 물고기인 상상 속의 동물이다. 화재를 막아주는 주술적인 의미가 있다.

국화 무늬 장식

국화 무늬는 옛부터 일본에서 세련된 문양으로 여겨졌는데, 16개 꽃잎의 국화 무늬는 아직도 일본 황실에서 사용되고 있다.

3·4층

도요토미 히데요시의 유물

도요토미 히데요시의 유물과 텐슈카쿠의 보물들을 한곳에 모아놓은 곳이다. 갑옷, 오사카 성에 장식되었던 금박 기와, 히데요시와 도쿠가와 시대의 오사카 성을 복원한 모형 등이 있다.

텐슈카쿠 5층에서는 도요토미 가문이 오사카성과 함께 몰락한 '오사카 여름 전투'에 대해 살펴볼 수 있어.

7층

도요토미 히데요시의 생애

오사카 성을 세우고 일본을 통일한 도요토미 히데요시의 생애를 관람할 수 있는 곳이다. 히데요시의 생애를 짤막한 디오라마(투시화)로 볼 수 있다. 한국어 설명도 있다.

8층

전망대

오사카 성에서 가장 높은 곳! 사방이 트여 있어서 성 주변은 물론 오사카 시내가 한눈에 내려다 보인다. 반짝이는 황금색 용마루 장식도 가까이에서 볼 수 있다.

타임캡슐 엑스포70
6950년까지 기다려야 볼 수 있다고?

1970년 오사카 엑스포를 기념하기 위해 2개의 타임캡슐을 이곳 지하 15m에 묻었다. 타임캡슐에는 당시의 문화를 상징하는 2,098점의 물건들이 들어있다. 2개 중 하나는 2000년 3월 15일에 개봉 했고, 나머지 하나는 5000년 후인 6950년에 개봉할 예정이다. 과연 미래의 사람들은 이 캡슐 속의 물건들을 보며 어떤 생각을 할까?

호코쿠 신사
편한 마음으로 들어설 수 없는 곳

도요토미 히데요시를 제신(제사로 모시는 신)으로 모시고 있는 신사이다. 이곳에는 히데요시 외에도 그의 동생과 동생의 아들도 함께 모셔져 있다. 히데요시는 임진왜란을 일으킨 장본인이라 편한 마음으로 들어갈 수는 없다.

★ 도라이(鳥居)는 보통 신사의 입구 역할을 하는 전통적인 문이야. 세속의 세계에서 신의 영역에 들어선다는 의미라고 해.

뭘 하지?

오늘은 내가 천황이다! 천황이 되어 보자~!

고자부네 놀잇배
배를 타고 성벽 가까이로~

'고자부네(御座船)'는 옛날에 천황이나 귀인이 탔던 지붕 있는 놀잇배다. 항상 인기가 많기 때문에 오사카 성에 도착하면 고자부네부터 예약해 두는 게 좋다. 45분 정도 타는데, 높은 성벽을 가까이에서 볼 수도 있고 거북이도 만날 수 있다. 선착장은 텐슈카쿠 후문으로 이어지는 코쿠카루바시 근처에 있다.

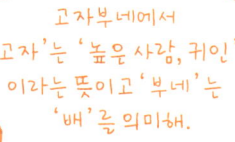

고자부네에서 '고자'는 '높은 사람, 귀인'이라는 뜻이고 '부네'는 '배'를 의미해.

● **인면석**

놀잇배를 타고 가다 보면 성벽 돌 사이에서 사람 얼굴 모양의 돌을 발견할 수 있다. 북동쪽으로 나 있는 귀문(귀신이 드나드는 문)을 지키는 돌로 오사카 성의 재난과 액운을 막아냈다고 한다.

● **다이묘 가문**

성벽을 세울 때 참여한 다이묘(지방호족)들은 성벽에 사용되는 돌 하나하나에 자신의 가문을 새겨 바쳤다. 놀잇배를 타고 성벽 가까이 가면 지금도 당시의 문양을 볼 수 있다.

로드 트레인 & 전기 자동차
오사카 성을 기차를 타고 달려~

오사카 성의 공원에는 넓은 성을 편하게 다닐 수 있도록 로드 트레인과 전기 자동차가 운행 중이다. 기차를 타고 옛 성을 달리다 보면 마치 놀이동산에 온 듯 하다. 매월 첫째 월요일(그날이 공휴일이라면 다음날)은 운행하지 않는다.

로드 트레인과 전기 자동차는 20~30분 간격으로 운행해. 요금은 전기 자동차가 조금 더 저렴해.

말차 아이스크림
오사카 성에 왔으면 이건 먹어야지

오사카 성에는 음식을 파는 곳이 거의 없다. 간단한 간식을 파는 상점과 푸드 트럭이 있는데 타코야키, 어묵, 꼬치 등의 간식을 판다. 하지만 오사카 성하면 말차 아이스크림과 말차 카키고리(かき氷 곱게 간 얼음에 시럽을 뿌려 먹는 일본의 빙과)가 가장 대표적이다.

★ 텐슈카쿠를 닮은 색 때문에 많은 사람들이 깔맞춤 먹거리 인증샷을 남기기도 해.

오사카 성에서 만난 한국 역사

일본의 침략으로 벌어진 임진왜란

일본이 조선을 침략했어!

1592년, 일본을 통일한 도요토미 히데요시가 15만여 명의 왜군(일본군)을 700여 척의 배에 태우고 부산 앞바다에 들이닥쳤어. 왜군은 조총이라는 새로운 무기로 무장하고 있어서 며칠 만에 부산진성과 동래성이 왜군에게 점령 됐어.

★ **조총**: 날아가는 새(鳥, 조)도 맞힐 수 있을 만큼 멀리 날아가는 총이라는 의미야.

육지와 달리 바다에선 승리

전쟁이 시작된지 20여 일이 지났을 때, 육지에서는 계속 패배했지만 바다에서는 달랐어. 이순신 장군이 이끄는 수군(해군)이 왜군과의 싸움에서 계속 승리를 거뒀거든.

임금이 도망쳤다고?

20만여 명의 또 다른 왜군이 조선에 들어와 한양을 향해 올라갔어. 왜군이 한양 가까이 올라왔다는 소식에 왕과 왕실은 피란길에 올랐어. 한양에 남은 백성들은 임금과 관리들을 원망했어.

두둥! 거북선의 등장

왜군은 모든 함대를 모아 조선의 남해 통영를 공격했지만, 조선의 큰 승리로 왜군의 코를 납작하게 했어. 승리 비결에는 이순신 장군이 사용했던 거북이 모양의 특수 군함인 거북선을 빼놓을 수 없어.

육지엔 의병이 있다!

육지에서도 나라를 지키기 위해 모인 의병들과 명나라의 연합군이 왜군에 맞서 싸웠고 전쟁에서 승리 했어. 왜군은 바다와 육지 모두에서 점점 힘을 잃어 갔어.

★ **의병**: 백성들이 스스로 만든 군대

결국 우리의 승리

왜군은 전쟁을 멈추자며 일본으로 돌아갔지만 1597년에 다시 조선을 침략했어. 이때 조선의 수군은 120여 명, 배는 겨우 12척 뿐이었지만 이순신 장군의 훌륭한 전술로 왜군과 맞서 싸워 이겼어. 하지만 이순신 장군은 노량진 앞바다에서 벌인 마지막 전투에서 날아온 총알에 맞아 숨을 거두었어.

今昔館

주택 박물관

에도시대의 오사카로 타임 슬립

안녕.

나는 오사카의 혼덴 초등학교 3학년 린이야.

얼마 전에 오사카 시립 주택 박물관에 갔었는데 옛 오사카로

타임머신 온 것 같아서 너무 좋았어. 너도 아마 좋아할 거 같아.

텐진바시스지로쿠초메 역으로 나오면 바로 보이는 곳이야.

역 이름이 엄청 길고 어렵지? 이름은 어렵지만 찾기는 쉬워. ㅎㅎㅎ

이곳에 가면 19~20세기 동안 오사카에 살았던 사람들의 집과

생활 모습, 거리 모습 등을 볼 수 있어.

그 당시 물건들도 전시돼 있어서 할머니, 할아버지와 함께 방문하면

더 많은 이야기를 들을 수 있을 거야.

그리고 9층에는 기모노 체험 코너가 있어. 유료 체험인데도 인기가

엄청 나. 일본의 옛 거리와 생활 공간에서 일본 전통 의상인

기모노를 입고 다니다 보면 옛날 속으로 들어와 있는 거 같아.

기억에 남을 기념사진도 남길 수 있어서 강력 추천이야.

- 오전 10시에 문을 열고 오후 5시에 닫아요.
- 셀카봉, 삼각대를 가지고갈 수 없어요.
- 짐은 락커에 보관해요. (보증금은 돌려받을 수 있어요.)
- QR코드로 된 한국어 가이드가 있어요.

주택 박물관

옛 오사카를 만날 수 있는 곳 ★ 일본 주택의 역사와 문화를 테마로 한 일본 최초의 주택 박물관이다. ★ 19세기(에도 시대), 20세기의 오사카 생활 문화가 실감나는 세트와 정교한 미니어처로 전시돼 있어서 마치 그 당시 오사카에 있는 듯한 생각이 들게 한다. ★ 9층에는 1830년대 오사카의 상점가가 세트로 재현돼 있어서, 기모노를 빌려 입고 옛 오사카 사람처럼 사진을 찍어 추억을 남길 수 있다. ★ 특히 4월 하순(20일경)부터 8월까지는 일본의 3대 축제인 텐진마츠리(天神祭) 모습처럼 초롱과 다양한 소품이 장식돼 있어 더욱 멋진 광경을 볼 수 있다. ★ 9층의 오사카 거리는 30분 단위로 밤과 낮이 바뀐다. ★ 그리고 인형 가게 앞의 장난감들은 직접 가지고 놀 수 있다.

대규모 퍼레이드, 텐진마츠리가 뭘까?

박물관 8층에 가면 강 위에서 배들이 대규모 퍼레이드를 펼치는 모습을 표현한 멋진 미니어쳐를 볼 수 있다. 오사카에서 매년 7월 24일과 25일에 열리는 텐진마츠리(天神祭)라는 축제의 모습인데, 천 년 넘게 열리고 있는 일본의 대표적인 여름 축제다. 축제가 시작되면 전통 복장을 한 사람들과 다양한 퍼레이드 행렬이 거리를 가득 메우고, 해 질 무렵에는 초롱과 화톳불(장작을 모아 놓고 피운 불)로 장식한 100여 척의 배들이 강을 따라 내려간다. 그리고 하늘에서는 천여 발의 불꽃놀이가 펼쳐지면서 장관을 이룬다.

뭘 보지?

일본의 옛날 모습은 어땠을까? 우리와 비슷할까?

풍속화 파노라마
그림으로 만나는 옛 오사카

오사카의 문명개화(서양의 더 나은 문화나 제도가 들어오는 것)는 에도 시대에 시작됐는데 그 모습이 3개의 입체 풍속화에 담겨져 있다. 버튼을 누르면 공장이 들어서고 거리에 인력거가 달리기 시작하고, 목재 다리가 철교로 변하고, 최초의 기차역이 생기는 등 변하는 오사카 생활사를 재미있게 볼 수 있다.

근대 오사카의 주택
이렇게 정교한 미니어쳐는 처음이야

1800년대(19세기)에 서양풍의 벽돌 건물과 도로의 보도, 가로수와 가로등, 테니스 코트와 당구장, 양복점과 빵가게 등이 있었다니 놀라지 않을 수 없다. 일본이 아시아에서 가장 일찍 서구 문명을 받아들인 나라임을 실감할 수 있다. 집의 내부까지 완벽하게 보이는 미니어쳐는 너무나 섬세해서 보는 재미를 더해 준다.

근·현대 생활용품
어디에 사용되던 물건이지?

옛날 일본인이 쓰던 생활용품이 전시돼 있다. 딱 봐도 뭔지 알 것 같은 물건도 있지만, 도대체 무슨 물건인지 추측하기 힘든 것들도 있다. 특히 이곳에서 토스터기를 찾아보자. "이게 토스터기라고?"라는 생각이 든다.

키가 110cm 이상이어야 체험할 수 있어!

기모노 입어보기
에도시대 오사카 거리로 타임 슬립

박물관의 최고 인기 코너! 기모노를 빌려 입고 30분 동안 '훌쩍 걸으며 체험하는 오사카 거리'를 직접 돌아다닐 수 있다. 인기가 많아 일찍 마감되기도 하니 기모노 체험을 먼저 신청한 뒤 박물관을 돌아보는 것도 좋다. 시간에 맞춰 예약표를 들고 9층 체험실로 가면 키에 맞는 기모노를 골라 입을 수 있다.

★ 긴 머리라면 기모노를 입을 때 한쪽으로 묶으면 더 예뻐. 기모노를 입고 옛 오사카 거리에서 기념사진 찰칵!

주택 박물관에서 배우는 일본 문화

일본의 주거 생활

다다미

다다미는 볏짚과 왕골로 만든 일본의 전통 바닥재를 말해. 두께 5cm, 크기 180×90cm 정도의 다다미를 여러 장 깔아 사용해. 다다미는 일본 건축에서 중요한 기준이 되는데, 다다미 2장짜리 방, 6장짜리 방처럼 방의 크기를 다다미의 장수로 표시하기도 하거든.

> 다다미는 '겹쳐 쌓다'라는 의미야!

> 일본은 왜 다다미를 사용할까? 습한 일본의 기후 때문인데, 다다미의 볏짚이 높은 습도를 잡아 눅눅한 바닥을 쾌적하게 만들어 줘. 하지만 청소가 어려워 벌레가 꼬이기도 한다는 거~!

모노호시다이

에도 시대의 주택을 보면 지붕에 나무로 만든 작은 구조물이 있어. 일본의 건축 특징인 '모노호시다이(物干し台)'라는 빨래 건조대야. 오사카는 일년내내 습도가 높은 편이라 집 안에서 빨래를 건조시키기 어려워서 지붕 위에 빨래 건조 공간을 만든 거야.

도코노마

'도코노마(床の間)'에서 도코(床)는 '평상, 침상'을 뜻하고 마(間)는 '공간, 방'을 의미해. 방에 장식을 목적으로 마련된 공간을 말하는데, 옷장처럼 움푹 들어가 있고 바닥이 방의 바닥보다 살짝 올라가 있어. 인형이나 꽃, 그림, 붓글씨 등이 장식돼 있어.

> 도코노마 바로 앞자리는 상석이라서 손님이 주로 앉아. 손님은 도코노마를 등지고 앉고 주인은 그 맞은편에 앉는 거지.

> 약 40cm 길이, 짧은 털, 작고 뾰족한 귀, 동그랗게 말린 꼬리가 매력적이야.

시바이누

'시바이누(柴犬)'에서 시바는 '작은 것', 이누는 '개'를 의미하는데, 우리는 흔히 시바견이라고 불러. 영리하고 민첩한데다 명랑하고 지구력까지 뛰어난 훌륭한 견종이지. 시바견은 일본의 천연기념물이고 옛 일본 유적에서 유골로도 발견될 만큼 역사가 오래된 개야.

展望台 &
観覧車

오사카를 한 눈에
담을 수 있는 곳

전망대 & 대관람차

안녕.

나는 오사카를 사랑하는 11살 유이야.

네가 일본이 지진 재해가 많은 곳이라 오사카 여행을 걱정한다고

들었어. 영국에서 태어나고 자란 사촌동생도 작년에 오사카에

처음 왔는데 오사카의 고층 건물이 많아서 깜짝 놀랐다고 하더라고.

지진이 많은 나라라서 높은 건물을 지을 수 없다고 생각했나 봐.

하나는 알고 둘은 모르는 소리지!

일본의 내진 설계는 세계 1위를 자랑해! 내진 설계는 지진을 견디는

건축 기술을 말해. 일본은 높은 건물뿐만 아니라 작은 집을 지을 때도

반드시 내진 설계를 해야 하거든. 그러니깐 너무 걱정할 필요는 없어.

오사카에 높은 건물이 많은 만큼 유명한 전망대와 대관람차도 많아.

오사카에는 높은 산이 없고 평지가 대부분이라서 높은 전망대에서

내려다 보면 시원하게 탁 트여 경치에 감탄이 절로 나와.

높은 곳에서 보는 이색적인 오사카의 모습을 놓치지 마~!

- 주류패스가 있다면 하루카300, 햅파이브 대관람차, 텐포잔 대관람차를 무료로 탈 수 있어요.
- 관람차를 타고 내릴 때에는 직원의 지도를 잘 따라야 해요.

전망대 & 대관람차

바다와 닿아 있는 곳 ★ 오사카는 높은 산이 없고 평지인데다 바다와 닿아 있다. 그래서 높은 전망대에서 내려다 보는 오사카는 시내와 바다가 막힘없이 탁 트여 독특하고 멋져 보인다. ★ 해지기 전 전망대에 도착해 낮과 밤의 모습을 모두 보면 좋다. 높은 곳에서 보는 오사카의 야경은 별빛이 깔린듯 신비롭다. ★ 대관람차 근처에는 크고 작은 놀이 시설뿐만 아니라 맛있는 식당과 기념품 숍 등이 함께 있는 경우가 많아서, 먹고 놀며 반나절을 즐기기에도 좋다. ★ 대관람차는 타는 시간이 20분 내외로 길지 않지만 천천히 올라가기 때문에 가족이 함께 오붓한 시간을 보낼 수 있다.

1955년에 세워진 일본에서 가장 오래된 전망대, 츠텐카쿠

츠텐카쿠는 '하늘과 통하는 높은 건물'이라는 뜻이다. 지금은 그리 높지 않지만 만들어졌을 당시엔 아주 높은 건물이었다. 츠텐카쿠 전망대는 일본에서 가장 오래된 전망대로, 오사카의 대표 상징물이자 국가 지정 문화재다. 높이가 겨우 103m밖에 안되지만 전망대에 서면 시내와 오사카 만이 한 눈에 들어온다. 날이 어두워지면 꼭대기에 네온 불이 들어오는데 다음날의 날씨를 알려준다. 흰색은 맑음, 파랑은 비, 주황은 흐림, 핑크는 눈을 의미한다.

행운의 신, 빌리켄!
빌리켄의 발바닥을 만지며
소원을 빌면 소원이 이루어져.

뭘 보지?

오사카가 한눈에 다 보여~!

우메다 공중정원
흰색 옷을 입고 도깨비 유령이 되어 봐~

우메다 스카이 빌딩의 옥상에 있는 전망대! 35층에서 밖이 훤히 보이는 튜브형 에스컬레이터를 타고 39층까지 가면 공중 정원 입구에 도착한다. 엘리베이터를 타고 39층까지 가다 보면 공중에 떠 있는 우주선을 탄듯한 느낌이 든다.

● **39층까지 올라가는 2가지 방법**
① 엘리베이터를 타고 한 번에 직행
② 에스컬레이터를 타고 3층까지 간 후, 엘리베이터로 35층까지 간 다음, 35층에서 다시 에스컬레이터를 탄다. 번거롭지만 이 방법을 추천! 통유리 엘리베이터와 에스컬레이터를 모두 경험할 수 있기 때문이다.

통유리 창의 에스컬레이터!

◀ 해 지는 시간이 적혀 있어.

편하게 앉아서 볼 수 있도록
의자가 마련돼 있어.

실내 전망대에는 간단한
음료를 파는 카페

실내 전망대에서
하트자물쇠를 사서
야외 전망대에 달 수 있어.

기념품을 파는 가게

만약 흰색 옷이 있다면
꼭 입고 가. 특수 조명 때문에
유독 환하게 빛나거든.
이런 무대라면 도깨비
유령놀이는 완벽 그 자체!

야외 전망대 '스카이 워크'

실내 전망대에서 한 층 더 올라가면 이곳의 최고 인기있는 야외 전망대 '스카이 워크'가 나와. 반짝이는 빛과 바람을 느끼며 야경을 볼 수 있어. 특히 발밑으로 반짝이는 별을 뿌려놓은 듯한 '루미 스카이 워크'는 환상적인 분위기를 더해 줘.

하루카스300
일본 최고의 빌딩의 전망대

300m 높이를 자랑하는 아베노 하루카스는 일본 구조물 중에는 3번째로 높고, 빌딩 중에는 가장 높다. 건물 3개가 나란히 붙어 있는데, 긴테츠 백화점, 박물관, 정원, 호텔, 레스토랑 등이 있다. 하루카스300은 58~60층에 걸쳐 있는 전망대가 있다.

> 1Day 티켓을 사면 당일 언제든 재입장이 가능해.

● 실내에서 야경을 봐~

이곳의 야경은 오사카 최고의 야경이라고 해도 과언이 아닐 만큼 아름다워. 360도 사방으로 창이 나 있어서 보이지 않는 곳이 없어.

> 특별한 기간에 '시티 라이트 판타지아'라는 이벤트가 열려. 야경을 배경으로 펼쳐지는 환상적인 라이트 쇼야.

● 야외에서 보는 경치도 끝내줘~

전망대 꼭대기인 헬기장에 올라가는 투어가 있어. 돈을 내야 하지만 유리창 없이 탁 트인 전경을 볼 수 있어. 60층 안내 창구에서 미리 예약해야 원하는 시간에 투어를 할 수 있어.

창가에 커다란 쿠션들이 있어서 편하고 여유롭게 야경을 즐길 수 있어.

화장실도 밖을 볼 수 있는 통유리로 되어 있어~!

이곳에만 판다는 300mm 핫도그와 사탕가루가 섞인 파인애플 아이스크림이 유명해

안녕~!

하루카스300의 마스코트 '아베노베어'와 찰칵!

아베노베어는 300m 하늘에 살고 있다는 곰이야. 하늘처럼 너그럽고 구름처럼 자유로운 성격이야. 좋아하는 음식은 구름! 무지개 위를 걸어 다닐 수 있어. 비오는 날에는 배의 구름 무늬가 비 무늬로 바뀌어.

뭐 하지?

헵파이브 대관람차
원하는 음악을 들으며 놀이 기구를 타~

빨간색의 헵파이브 대관람차는 우메다에 있는 헵파이브(HEP FIVE) 쇼핑몰 옥상에 있다. 7층에 티켓 판매소가 있지만 주유 패스가 있다면 무료로 탑승할 수 있다. 관람차 안에 스피커가 설치되어 있어서 원하는 음악을 들으며 전망을 감상할 수 있다.

> 헵파이브 8층에는 큰 규모의 가챠숍이 있고, 4층에는 장구 숍이 있어.

덴포잔 대관람차
멀리 수평선이 보여~

덴포잔 하버 빌리지의 마켓 플레이스에서 탈 수 있다. 이 관람차의 매력은 바닥까지 투명하게 뚫려있다는 것! 게다가 관람차가 점점 올라갈수록 멀리 푸른 바다의 수평선을 볼 수 있다. 오사카 만을 유유히 다니는 산타 마리아 유람선도 한눈에 들어오고, 흰색의 덴포잔 대교와 붉은색의 미나토 대교 위를 달리는 자동차들도 보인다.

> 마켓 플레이스에는 다양한 레고를 체험할 수 있는 레고 랜드도 있어.

오사카에서 만난 행운의 신

일본 사람들이 믿는 행운의 상징

난 오사카 행운의 신 빌리켄이라고 해. 내 발바닥을 만지면 행운이 와!

다루마(달마 인형)

부적이자 쓰러지지 않는 오뚜기 인형! 눈이 그려져 있지 않은 다루마를 팔기도 하는데, 소원을 빌며 한쪽 눈을 그리고 소원이 이루어지면 다른 쪽 눈을 그려.

5엔 동전

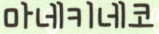

5엔은 '좋은 인연(ご緣)'과 발음이 같아서 좋은 인연과 행운을 가져오는 행운의 돈으로 여긴다.

부엉이

지혜와 행운, 복을 부르는 새! 나쁜 기운을 내쫓는 수호의 동물이야.

마네키네코

한쪽 손을 들고 행운과 복이 들어오라고 손짓하는 귀여운 고양이! 왼손을 들고 있으면 손님이나 인연, 사람을 불러들인다는 의미이고, 오른손을 들고 있으면 돈이나 재물을 불러온다는 의미야.

안녕.

나는 과학을 좋아하는 유토라고 해.

나의 꿈은 노벨 과학상을 타는 거야. 우리나라의 노벨 과학상

수상자는 스무 명이 넘어. 꽤 많지?

일본의 과학은 아시아는 물론 전 세계에서도 인정할 정도로 높은

수준의 연구물과 기술력을 갖고 있어. 그 비결이 뭔지 궁금하지 않아?

하나에 매달리면 끝을 볼 때까지 절대 포기하지 않는 기질 때문이래.

그리고 정부가 과학자들의 연구를 적극적으로 지원해 주고

어린이들도 일찍부터 과학을 좋아하고 가까이 할 수 있도록 환경을

마련해 준 덕분인 거 같아. 그런 환경을 경험해 볼 수 있는 곳이

있는데, 바로 오사카 시립 과학관이야.

여러 가지 과학 원리를 놀이처럼 체험해 볼 수 있어. 과학이 놀이가

되는 곳이야! 이곳에서 한바탕 놀다 보면 너도 과학자가 돼서

노벨 과학상을 타고 싶다는 생각을 하게 될 걸~!

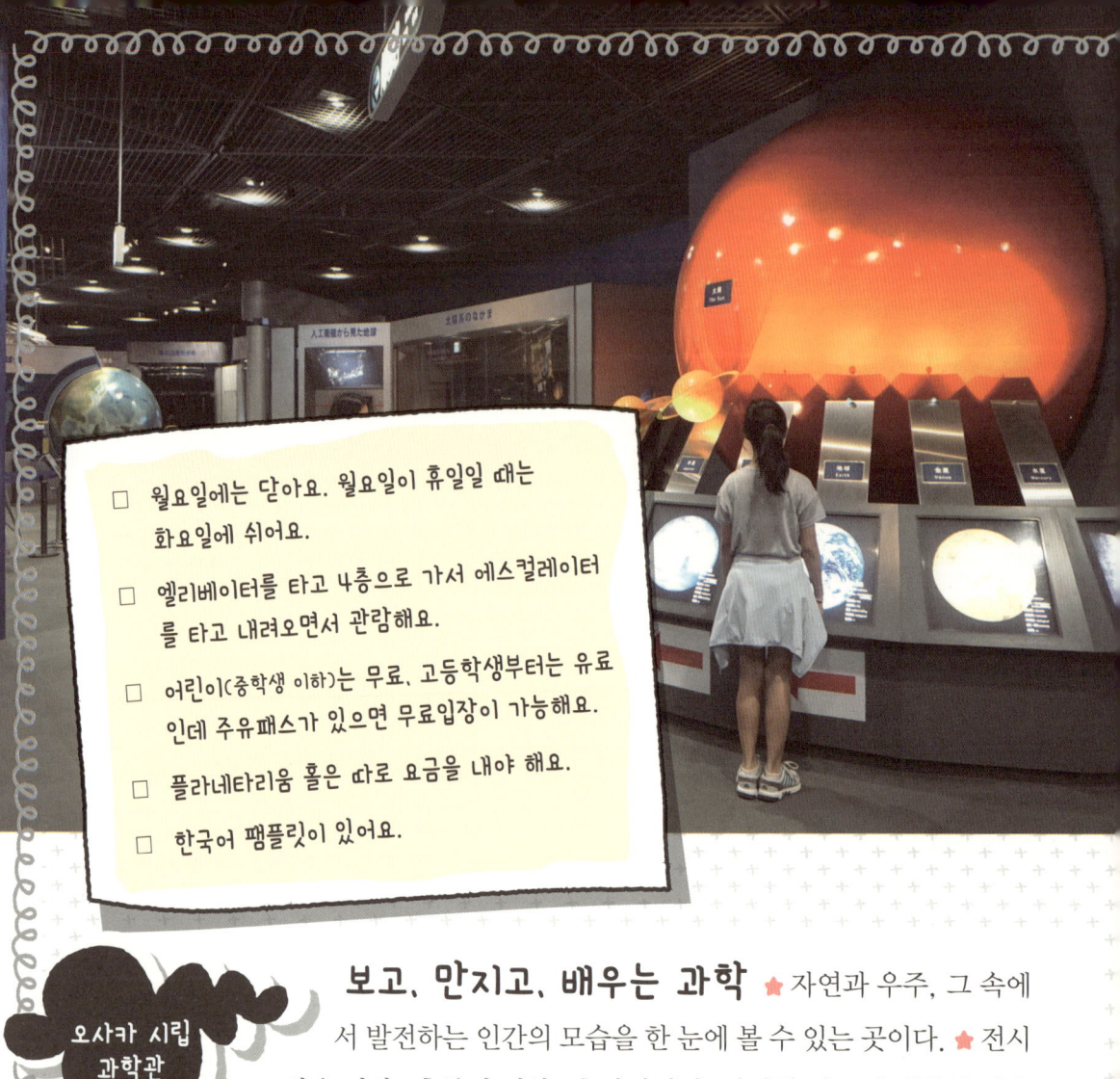

- 월요일에는 닫아요. 월요일이 휴일일 때는 화요일에 쉬어요.
- 엘리베이터를 타고 4층으로 가서 에스컬레이터를 타고 내려오면서 관람해요.
- 어린이(중학생 이하)는 무료, 고등학생부터는 유료인데 주유패스가 있으면 무료입장이 가능해요.
- 플라네타리움 홀은 따로 요금을 내야 해요.
- 한국어 팸플릿이 있어요.

오사카 시립 과학관

보고, 만지고, 배우는 과학 ★ 자연과 우주, 그 속에서 발전하는 인간의 모습을 한 눈에 볼 수 있는 곳이다. ★ 전시장은 지하 1층부터 지상 4층까지이며, 다양한 자료와 체험형 학습 기구들이 마련되어 있어 여러 가지 과학 원리를 직접 체험할 수 있다. ★ 초등학교 저학년부터 고학년, 중학생까지 학교에서 배우는 여러 가지 과학 원리가 잘 정리되어 있다. ★ 지하 1층에는 일본 최초의 플라네타리움이 있어 계절에 따른 밤하늘을 직접 바라볼 수 있다. ★ 정해진 시간에 맞춰 열리는 사이언스 쇼도 재미있다. ★ 단, 대부분의 설명이 일본어로만 진행되기 때문에 정확하게 이해하기는 어렵다. 하지만 어렵지 않게 대부분의 체험형 학습 도구를 즐길 수 있다.

노벨 과학상 수상자만 스무 명이 넘는 일본의 과학 시간

한국은 노벨 과학상 수상자가 아직 없는 반면, 일본은 지금까지 과학 부문에만 25(2025년 기준)명의 수상자를 배출했다. 일본이 과학 강국인 이유를 오사카 시립 과학관에서 실감할 수 있다. 일본의 과학 교육은 초등학교 때부터 시작되는데, 과학의 기초와 기본 원리 같은 기초 과학을 제대로 습득하는 데 중점을 두고, 교실 안이 아닌 다양한 활동을 통해 과학에 대한 흥미와 관심을 갖도록 유도한다.

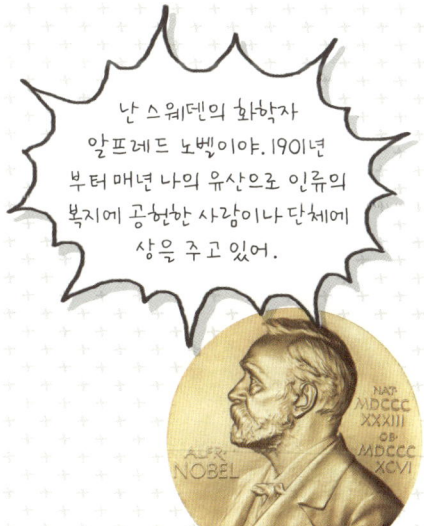

난 스웨덴의 화학자 알프레드 노벨이야. 1901년부터 매년 나의 유산으로 인류의 복지에 공헌한 사람이나 단체에 상을 주고 있어.

4층에서 뭐 하지?

우주와 우주의 발견
우주에서 우리는 어디에 있을까?

태양계의 행성들과 별 등 우주와 관련된 다양한 전시를 보며 직접 체험도 해볼 수 있다. 갈릴레오 갈릴레이가 그린 달 표면 스케치부터 붉게 타오르는 듯한 태양계 모형까지 우주를 보고 만지며 배울 수 있다. 우주 외에도 과학의 기초가 되는 원리와 법칙들을 알아보는 실험 장치들도 준비되어 있다.

기초 과학

● **원심력과 관성**
기둥에 가까이 붙을 수록 빨리 돌아.

빨라빨라 엄청 빨라~

● **진자운동**
가운데 추를 중심으로 양쪽의 추들이 움직이는데, 가운데로 갈수록 빨라지고 바깥으로 갈수록 느려져. 이걸 '진자운동'이라고 해.

● 힘의 방향과 분배

도르레의 원리를 알게 돼. 도르레를 이용하면 나도 천하장사가 될 수 있어!

누가 멀리 보내나 시합하자!

● 힘의 작용, 가속도

물체는 외부에서 가하는 힘의 크기에 따라 운동 속도가 달라져. 이걸 '가속도'라고 해. 가하는 힘이 클수록 가속도가 커져서 멀리 가.

● 인간 건전지

우리 몸에도 전류가 흐르고 있어. 금속판에 손을 대면 전류가 흐르는 걸 확인할 수 있지.

난 뭔지 알고 실험하지롱~

● 케플러의 법칙

1609년 '케플러'라는 과학자가 행성들은 태양을 중심으로 도는데 그 궤도가 타원형임을 알아냈고, 그걸 바탕으로 행성이 어떻게 움직이는지를 설명했어.

태양계

태양계는 태양과 태양의 가족이 움직이는 공간이다! 태양의 가족에는 태양 주위를 돌고 있는 8개의 행성, 행성의 주위를 도는 위성, 소행성, 외소행성, 혜성 등이 있다.

태양
Sun 썬

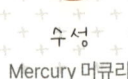
수성
Mercury 머큐리

태양계에서 태양만이 스스로 빛을 내는 별이야~!

● **태양계의 대장은 바로 태양**

태양을 중심으로 돌고 있는 행성들의 크기와 모양을 한눈에 볼 수 있다. 태양은 크기뿐만 아니라 무게도 태양계 전체 질량의 99.86%를 차지할 만큼 가장 무겁다.

조이스틱을 움직이면 다양한 방향의 지구를 볼 수 있어.

'지구'는 태양계의 3번째 행성이고, 달을 위성으로 가지고 있어. 지구의 70%가 바다여서 우주에서 보이는 지구는 푸른색을 띠는 구슬 같아 보여.

● **지구는 태양계의 한 가족**

스크린을 통해 우주에서 본 둥근 지구의 모습과 오로라를 볼 수 있다.

금성	지구	화성	목성	토성	천왕성	해왕성
Venus 비너스	Earth 어스	Mars 마르스	Jupiter 주피터	Saturn 새턴	Uranus 유래너스	Neptune 넵튠

● 달의 모습은 매일 달라!

달은 지구 주위를 뱅뱅 도는데, 움직이는 달의 위치에 따라 태양빛을 받는 부분과 면적이 달라서 지구에서 보는 달의 모습이 매일 조금씩 다르다.

내가 지구가 되어 초승달, 반달, 그믐달, 보름달이 되는 달의 변화를 직접 확인할 수 있어.

● 행성들은 환경과 중력이 서로 달라!

행성들은 표면 생김새도 서로 다르고, 중력도 서로 다르다.

대표 행성의 표면을 손으로 직접 만져 보고 비교해 볼 수 있어.

행성에 따라 나의 몸무게가 달라져. 화성에서 내 몸무게는 몇 kg?

자석과 자기장

● **자석은 철로 만든 물체를 끌어당겨!**

끌어당기거나 전기의 흐름에 영향을 주는 자석의 성질을 '자성'이라고 한다. 즉, 자석은 자성을 지닌 물체인 것! 이곳에서 다양한 자석과 자성의 원리를 체험해 보자.

모든 금속이 자석에 붙는 건 아니야! 알루미늄, 구리 같은 금속은 금속이지만 자석에 붙지 않는 비자성체야. 자석을 가져다대며 철인 것들을 찾아 봐.

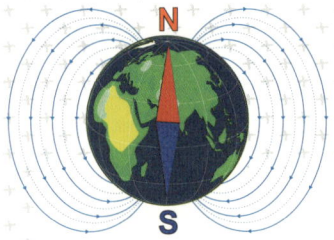 

테이블 속 구슬들은 나침반이야. 화살표가 가리키는 방향이 북쪽(N극)인데, 테이블 위 자석을 움직이 나침반의 화살 방향이 바뀌어. 지구의 자력보다 자석의 힘이 더 세기 때문이야.

● **자석에는 N극과 S극이 있어!**

N극과 S극은 서로 같은 극끼리는 밀어내고 다른 극끼리는 서로 당기는 성질이 있다. 이 원리로 동서남북이 어디인지 찾아내는 나침반을 만들 수 있다. 왜냐하면 지구가 커다란 자석이기 때문이다. N극이 북쪽(North)쪽을, S극이 남쪽(South)쪽을 가리킨다.

● 전류가 흐르면 자석이 되는 전자석

전류가 흐를 때만 자석이 되는 것을 '전자석'이라고 한다. 전자석의 원리를 이용해 전류의 세기를 크고 작게 조정하고 전기의 흐름을 바꿔 N극과 S극의 방향을 바꿔 보자. 선풍기나 세탁기 등이 전자석을 이용한 것들이다.

긴 전선에 전기를 흐르게 하면 구리로 만든 달걀이 빙글빙글~

코일에 전기를 흘리면 알루미늄 링이 위 슝~

> 전자석의 세기는 전기 회로에 연결된 전지의 개수가 많을수록, 에나멜선의 굵기가 굵을수록, 에나멜선을 많이 감을수록 커져.

● 자석의 힘이 미치는 공간이 자기장이야!

자기장은 자석 주변뿐 아니라, 흐르는 전류 주변에서도 만들어지는데 이때는 전류가 멈추면 자기장도 사라진다.

버튼을 눌러 전기가 흐르게 하면 주변의 나침반 바늘이 움직이면서 가리키는 방향이 달라져. 전선 주변에 자기장이 생기기 때문이지. 전선이 자석으로 변하다니!

3층에서 뭐 하지?

일상생활 속의 화학
우리 주변의 이 모든 게 화학이었어?

우리 생활 속에 있는 금속, 보석, 플라스틱, 약 등이 화학을 이용해서 만들어졌다는 것을 볼 수 있는 곳이다.

★ '화학'은 물질의 성질을 이해하고 이를 이용해서 물질의 변화를 실험, 연구하는 학문이야. 물질에 화학적인 반응을 일으켜 원래 가지고 있는 성질이 변해 새로운 물질을 만드는 거지.

화학

● 옷의 섬유도 화학 연구의 결실~

여러 가지 섬유의 성질과 특징을 연구해서 사람들이 사용하기에 더욱 편리하고 우수한 기능의 섬유를 만든다.

화학이 없었다면 우주복도 없었어!

화학을 이용해서 섬유를 만드는 과정을 볼 수 있어.

입고 있는 옷을 렌즈에 대면, 화면에 섬유의 자세한 구조가 보여.

● 암석은 광물 알갱이들의 결합이야!

암석을 자세히 관찰해 보면 다양한 알갱이로 이루어져 있는데 이 알갱이를 '광물'이라고 한다. 하나의 암석은 대부분 여러 가지의 광물로 이루어져 있고, 이 광물들은 화학적으로 결합돼 있다.

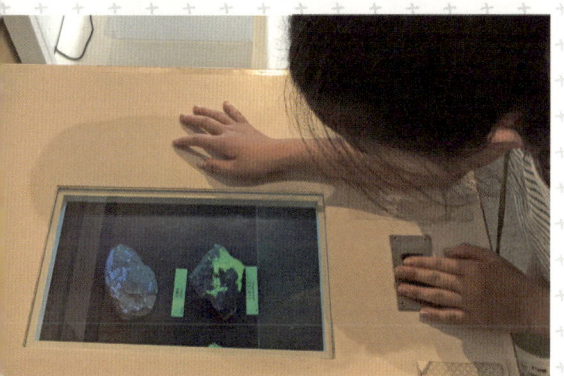

어떤 광물은 빛을 받았을 때 특정한 색을 나타내기도 해. 이건 광물의 원소 입자가 가지는 화학적인 특징 때문이야.

암석마다 섞여 있는 광물과 원소 입자의 종류도 다르지만 화학적 결합의 강도도 달라. 그 다른 모습들을 확인해 봐!

● 화학자는 마술사 같아!

〈사이언스 쇼〉에서 마술사 같은 과학 선생님의 과학 실험 쇼를 볼 수 있다. 일본어로 진행되지만 실험을 보는 것만으로도 신기하고 재밌다. 선착순 100명만 볼 수 있고 진행시간은 30분!

2층에서 뭐 하지?

부모와 자녀가 즐기는 과학
우리 가족은 과학 탐험대!

2층에는 초등학교 저학년을 위한 과학 실험이 다양하게 마련되어 있다. 하지만 학교를 졸업한지 한참 지난 엄마아빠일지라도 초등 저학년 실험이라고 무시했다가는 큰 코 다치는 곳! 놓치기 아까운 실험들로 가득하다.

소리의 원리

● **소리는 떨림이야!**

소리는 물질의 떨림이 퍼져 나가는 현상인데, '진동'이라고도 한다. 기타는 기타 줄의 진동으로, 사람의 목소리는 성대의 떨림으로, 징은 금속판의 진동으로 소리가 만들어진다.

> 한 사람은 징을 등지고 서고, 다른 사람은 징을 크고 작게 울려 봐. 징이 크게 울릴 때와 작게 울릴 때 진동의 세기를 느껴 봐!

> 높고 낮은 소리에 따라 물의 떨림이 다르게 보여.

● **공기가 소리를 전달해!**

우리가 소리를 들을 수 있는 것은 떨림으로 만들어진 소리가 공기라는 매개체를 통해 우리의 귀로 전달되기 때문이다. 그래서 공기가 없는 우주에서는 어떤 소리도 들리지 않는다.

● 소리는 모이면 멀리 정확하게 전달 돼!

긴 통의 한쪽 끝에서 말을 하면 다른 한쪽에서 그 소리를 들을 수 있다. 좁은 통에 모아진 소리는 통 속의 공기를 타고 더 멀리 퍼진다. 옛날에는 배에서 각 방으로 연락을 하기 위해 이런 방법을 사용했다.

> 길이가 다른 파이프 끝을 두드려봐. 파이프 길이에 따라 어떤 소리가 날까?

● 진동수가 높으면 높은 소리가 나!

소리는 진동수가 클수록 높은 음을 내고 낮을수록 낮은 음을 낸다. 소리가 움직이는 공간이 클수록 진동이 분산되면서 느려져 낮은 음이 나고, 공간이 작아지면 진동이 모여 빨리 움직이고 음이 높아진다.

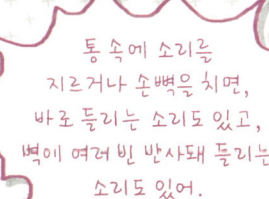

> 통 속에 소리를 지르거나 손뼉을 치면, 바로 들리는 소리도 있고, 벽에 여러 번 반사돼 들리는 소리도 있어.

● 소리는 장애물을 만나면 반사돼!

소리의 떨림이 퍼져 나가다가 장애물에 부딪히면 떨림이 분산되거나 방향이 바뀌기도 한다. 메아리는 장애물을 만나 다시 돌아온 소리다.

거울의 원리

● 거울엔 왜 내 모습이 비칠까?

거울의 비밀은 바로 '빛'에 있다. 빛이 직선으로 가다가 거울에 부딪히면 방향을 바꾸는데, 이걸 '반사' 현상이라고 한다. 이렇게 반사된 빛이 우리 눈으로 들어오기 때문에 물체를 볼 수 있다.

거울에 비친 물체의 모습은 '상'이라고 해!

● 거울면의 모양에 따라 모습이 다르게 보여!

패널에 붙어 있는 다양한 거울에 나의 모습을 비춰봐. 거울면의 모양에 따라 보이는 모습이도 달라지지?

평면거울: 거울에 비친 상은 실제와 크기는 같지만 좌우가 바뀌어 있어. 내가 왼 손을 들면 거울은 오른손을 들고 있지.

볼록거울: 상은 실제보다 작게 보이고 더 넓은 범위를 보여 줘. 자동차의 사이드 미러, 도로에 달려 있는 동그랗고 볼록한 거울에 사용돼.

오목거울: 상은 실제보다 크게 보이고 평면거울 보다 좁은 범위를 보여 줘. 이를 크게 보는 데 사용하는 치과용 거울에 사용돼.

공을 당겼다 놓으면 공이 커졌다가 작아지고, 공의 글자도 위아래가 바뀌었다가 제자리로 돌아와.

● 오목거울 앞의 공을 당겼다 놓아 봐!

오목거울과 물체가 가까우면 물체보다 상이 크게 보이고, 물체와 거울이 멀면 물체보다 작게 보이고 위아래도 바뀌어 보여.

● 거울에 비친 물체의 다양한 모습

거울의 수와 위치에 따라 거울에 비친 상의 수와 모습이 달라진다. 빛의 반사 작용 때문이다.

2개의 거울이 만나는 곳에 다양한 그림을 대 봐. 조각난 축구공도 완전한 축구공으로 보이고, 반쪽짜리 곰 얼굴도 완벽한 곰 얼굴로 변해.

나 공중에 떴어! 이건 사진으로 꼭 남겨야 해!

얼굴이 가장 많이 나오려면 어디에 서야 할까?

거울 장난감의 대명사, 만화경

1층에서 뭐 하지?

전기와 에너지
과학 기술 발전을 이끄는 힘

시원한 바람을 주는 에어컨, 정보를 찾고 게임을 하는 컴퓨터, 어두운 곳을 밝혀 주는 형광등 등 우리의 실생활과 밀접한 관련이 있는 '에너지와 전기'에 대해서 알아보고 체험할 수 있는 곳이다.

전기

● 전기가 뭐야?

'에너지'는 움직이거나 빛이 나는 것처럼 활동을 하는 능력을 말한다. '전기'는 '전자'가 움직이면서 생기는 에너지의 한 종류다.

● 전기를 얻으려면 자원이 필요해!

전기를 얻으려면 자연 에너지나 화학 에너지 같은 자원을 전기로 바꿔야 한다. 이것을 '발전'이라고 한다. 자연 에너지는 물, 바람, 운동 등이 있는데 이 자원은 발전기를 회전시켜 전기를 얻는다.

핸들(발전자원인 '운동')을 돌리면 발전기 가운데의 자석이 회전하면서 자기장이 만들어져서 전기 에너지가 생겨.

핸들을 돌리면 전기가 생겨서 LED가 빛나.

● **원자는 엄청난 에너지를 만들어 내!**

발전 자원인 원자(우라늄, 플루토늄)의 핵분열은 엄청난 에너지를 만들어 낸다. 중요한 에너지 자원으로 사용되고는 있지만 방사능 때문에 위험한 에너지이기도 하다.

밖에 있는 탁구공 하나를 장치에 넣으면 탁구공이 원자핵을 나타내는 노란 부분에 붙는데, 그러면서 3개의 탁구공이 튀어 올라. 튀어 오른 탁구공들이 다른 노란 부분에 닿으면 또 다른 3개의 탁구공이 튀어 오르며 엄청난 반응을 보여 줘. 이게 핵분열의 원리야.

전선을 당기면 전기가 전달되는 과정을 볼 수 있어.

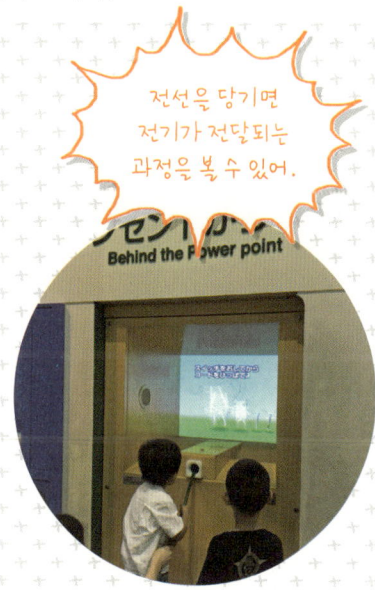

海遊館

세계 최대 규모의
수족관

가이유칸 수족관

안녕.

나는 아오이라고 해.

엄마 아빠가 그러는데 내가 수족관에서 처음 고래를 만났을 때 입을 쩍 벌리고 한참이나 가만히 서 있었대. 그때 만난 고래 때문인지 내가 제일 좋아하는 동물은 고래야. 너도 고래 좋아해?

좋아한다면 덴포잔 하버 빌리지에 가야 해! 일본에서 가장 큰 수족관인 가이유칸이 거기에 있거든. 세계 최대 규모의 아쿠아리움이라 한국의 예비 수의사 선생님들이 이곳으로 실습을 오기도 하신대.

가이유칸에는 멸종 위기의 고래상어를 직접 볼 수 있고 바다거북, 펭귄, 물범, 수달 등 다양한 해양 동물들도 만날 수 있어. 상어랑 가오리를 직접 만져 볼 수도 있어. 가이유칸 수족관 바로 옆 건물에 있는 마켓 플레이스에 가면 레고 랜드랑 대관람차도 있어서 하루 종일 놀아도 시간이 모자라는 곳이야.

이번 오사카 여행 때 꼭 들러 봐~

- 오전 10시에 열어서 오후 8시에 닫아요.
- 한국어 오디오 가이드를 빌릴 수 있어요.
- 스탬프 찍을 노트를 챙겨요.
- 2층보다 1층 기념품 숍이 더 저렴해요.
- 먹이 주는 시간, 이벤트 시간을 미리 확인해요.
- 한 번 입장권을 사면 그날에는 여러 번 재입장할 수 있어요.

가이유칸 수족관

불의 고리와 생명의 고리가 만나는 곳 ★ 가이유칸은 일본 최대의 아쿠아리움이자 세계 최대 규모의 수족관으로 손꼽히는 곳이다. ★ 대형 수조에 약 580여 종, 3만여 마리의 생물이 전시되어 있다. 입을 쩍 벌어질 만큼 거대한 고래상어가 유명한데, 그 외에도 바다사자, 돌고래, 수달, 펭귄 등 다양한 수생 동물이 있다. ★ 가이유칸은 '지구와 지구에 사는 모든 생물은 상호 작용을 하는 하나의 생명체다'라는 〈가이아 가설〉을 주제로 만들어졌다. ★ 중앙의 깊이 9m, 길이 34m의 대형 수조가 '태평양 수조'인데, 환태평양 화산대(Ring of Fire)를 따라 형성되는 환태평양 생명대(Ring of Life)를 표현한 것이다. ★ 관람 구역마다 다양한 기념 스탬프가 있다.

가이유칸이 설립 테마로 정한 가이아 가설

가이유칸의 설립 테마인 〈가이아 가설〉은 1970년대 영국의 과학자 제임스 러브록의 이론이다. '가이아'는 그리스 신화에 나오는 '대지의 여신'인데, 이 이론에서는 '지구'를 의미한다. 가이아 이론은 지구와 지구에 살고 있는 생물, 대기, 바다, 땅은 하나의 생명체이고, 자기 조절 능력을 가지고 있어서 스스로 적합한 환경을 만들며 생존을 유지한다고 주장했다. 그래서 지구의 자기 조절 능력을 파괴하는 인구 증가, 산업 발달, 생태계 파괴 등의 위험성을 강조했다. 지구의 생명체 중 하나인 우리가 생존을 유지하며 살기 위해서는 지구 생태계를 보존하기 위한 노력을 해야 한다.

뭘 보지?

카우노즈 레이
'아쿠아게이트'의 스타

카우노즈 레이(Cownose Ray)는 갈색 등, 흰색과 연노랑색의 배를 가진 가오리다. 무리를 지어 다니는 것을 좋아하며 떼로 움직이는 모습이 장관이다. 주둥이가 소의 코를 닮아 뭉툭하고 갈라져 있어서 '카우 노즈(cow nose)'라는 이름이 붙었다. 덩치는 작지만 먹는 걸 엄청 좋아한다. 카우노즈의 최고 매력은 미소 짓는 얼굴이다.

1m 내외의 크기에, 무게는 23kg 정도 돼!

아쿠아게이트

작은 발톱 수달
'일본의 숲'에 사는 귀염둥이

수달 종류 중에서 몸집이 가장 작다. 몸길이는 70~100cm이지만, 이 중에서 꼬리가 30cm이다. 콧구멍에 판막이 있어서 잠수를 하면 판막이 자동으로 닫혀 콧속으로 물이 들어가지 않는다. 물속에서는 수염을 이용해 먹이를 감지하고 먹이를 먹을 때는 앞발을 주로 이용한다. 발가락 사이엔 물갈퀴가 있어서 쉽게 헤엄칠 수 있다.

★ 옛날에 우리나라에서도 강이나 하천 등에서 쉽게 볼 수 있었어. 근데 수질오염 등으로 개체수가 줄어서 아쿠아리움에서 볼 수 있게 된 거지.

난 몸무게가 1~5.4kg 정도야.

일본의 숲

일본 왕도롱뇽
일본에서만 사는 양서류

일본 왕도롱뇽은 2천만 년 전부터 지구상에 존재했는데, 진화하지 않고 그때 모습 그대로를 유지하고 있어서 '살아있는 화석'이라 불린다. 몸길이가 150cm 정도로 크고, 삼각형의 납작한 머리에 작은 눈을 가지고 있다. 400년도 산다는 장수 도롱뇽이지만 멸종위기 동물이다. 옛날에 도롱뇽 고기를 즐겼던 사람들 때문에 개체수가 준 대다가 환경오염과 댐 건설 등으로 서식지가 파괴됐기 때문이다.

> 난 아가미가 없어! 피부로 호흡해.

일본의 숲

> 일본정부는 일본 왕도롱뇽을 보호하기 위해 댐의 형태를 바꿔 도롱뇽이 지나다닐 수 있는 길과 산란장소를 만들고 있대.

캘리포니아 강치
'몬터레이만'의 큰 형님

캘리포니아 바다사자(California Sea Lion)라고도 하는데, 주로 바닷가에 살고 먼 바다까지는 가지 않는다. 몸은 황갈색이나 흑갈색의 털로 덮여 있고 지느러미 모양의 네 다리가 있다. 수컷이 암컷보다 훨씬 큰데, 수컷의 머리는 혹처럼 불룩 튀어나와 있는 게 특징이다.

> 자연이 파괴되면 나도 곧 사라질지도 몰라.

몬터레이만

★ 우리나라에도 캘리포니아 강치와 친구 정도 되는 독도강치(독도 바다사자)가 있었어. 하지만 1900년대 초 일본이 무차별하게 마구 잡아들여서 (가죽을 얻기 위해) 멸종되었다고 해.

킹펭귄
이래 뵈도 난 새라고~

킹펭귄(King Penguin)은 현재 존재하는 펭귄 중에서 2번째로 몸집이 큰데 귀 주변과 목 앞쪽이 주황색인 게 특징이다. 갓 태어난 새끼는 검은색 부리에 몸 전체가 회갈색의 솜털로 덮여있는데, 시간이 지나면 털갈이를 하면서 킹펭귄의 모습이 된다. 킹펭귄은 먹이를 찾아 수심 100~300m까지 잠수를 하는데, 잠수 시간은 5분이나 된다.

★ 펭귄 중 가장 몸집이 큰 펭귄은 황제펭귄이야. 키가 최대 122cm, 몸무게는 23~45km에 육박해.

나는 날지 못하고 수영을 잘하지만 엄연한 새야!

남극대륙

낫돌고래
친구들이 많아 외롭지 않아~

낫돌고래(Pacific White-sided Dolphin)는 흰줄무늬돌고래라고도 한다. 헤엄칠 때 등지느러미가 낫처럼 보여서 낫돌고래라고 부른다. 우리나라 동해안에도 많이 사는 우리나라 대표 돌고래이기도 하다. 무리를 지어 다니기 때문에 서로 앞 다투어 점핑, 회전하며 수조를 돌아다닌다. 멸치와 정어리 같은 작은 생선을 주로 먹고 오징어도 좋아한다.

타스만해

태평양

고래상어
외모도 성격도 고래를 닮은 순둥이 상어

멸종위기 동물인 고래상어(Whale Shark)는 바다에 사는 가장 큰 물고기다. 고래만큼 큰 상어지만 상어답지 않게 순한 편이다. 큰 입과 작은 눈, 흰색의 점무늬가 특징이다. 고래상어는 6mm의 작은 이빨이 3000여 개있는데 이빨의 기능은 하지 못한다. 먹이를 먹을 때 물 속에 포함된 새우나 플랑크톤 등을 빨아들여 아가미 돌기로 걸러내서 먹는다.

나는 몸길이가 15m, 몸무게는 20톤이야. 70년 정도 살아~

★ 고래는 포유류고 상어는 어류야. 포유류는 등치가 크고 허파로 호흡하고 새끼를 낳아 젖을 먹이지. 어류는 아가미로 호흡하고 알을 낳아.

태평양

나는 몸길이가 4m, 몸무게는 150kg 정도야. 수심 500m 까지 잠수할 수 있지.

낫돌고래
난 눈이 옆에 붙었어~

낫돌고래(Pacific White-sided Dolphin)의 가장 큰 특징은 T자의 망치 모양 머리다. 머리 양 끝에 눈과 콧구멍이 달려 있어서 다른 상어들보다 시야가 넓고 냄새를 잘 맡는다. 게다가 시각, 후각, 청각 외에 자기장을 감지하는 감각 기관을 가지고 있다. 살아 있는 동물에서는 자기장이 나오는데 이 자기장을 감지해서 모래 바닥이나 수초에 몸을 숨겨 사냥을 한다.

붉은 바다거북
바다에선 엄청 빨라

붉은바다거북은 세계 널리 분포돼 있지만 서식지 훼손과 환경 오염으로 수가 크게 줄어 멸종 위기종으로 보호받고 있다. 우리나라에서도 종종 발견되는데 우리나라에 서식하는 바다거북 중에서 유일하게 제주도와 남해안에서 알을 낳은 기록이 있다. 수영하는 속도가 20~30km/h 이상으로 엄청 빠르다.

★ 그거 알아? 육지 거북은 위급할 때 자신을 보호하기 위해 머리와 다리를 등껍질 속으로 집어넣지만 바다거북은 숨길 수가 없어.

태평양

등딱지 길이는 1m, 몸무게는 150kg(최대 400kg)정도야.

키다리 게
이렇게 크고 다리가 긴 게는 처음이야~

세계에서 가장 큰 갑각류다. 생김새가 마치 거미를 닮았고 주로 서식하는 곳이 일본 해안가라서 Japanese Spider Crab(일본 거미 게)이라고도 한다. 긴 다리는 모래나 진흙에 빠지지 않고 이동하기에 안성맞춤이다. 키다리 게는 탈피하는 과정을 통해서 성장하는데, 한 번 탈피할 때마다 1.5배 자라고 사는 동안 20번 정도의 탈피를 한다.

일본해구

내가 두 다리를 벌리면 3mm가 넘는 대왕게야. 100년을 사는 장수 동물이지.

특석수조

개복치
일광욕을 즐기는 물고기라오~

개복치(Mola Mola)는 납작하고 동그란 모양이 특징이다. 뒤쪽이 잘려나간 듯 짤막한 생김새가 생선의 대가리만 둥둥 떠다니는 듯 신기하다. 그래서인지 아주 천천히 움직이고 성격도 여유 있는 편이다. 수면 위로 올라와 펑퍼짐하게 옆으로 드러누워 일광욕을 즐긴다. 개복치는 한 번에 알을 3억 개 가량 낳는데, 알이 너무 작아서 생존율은 낮은 편이다.

몸길이가 4m, 몸무게가 1,00kg 정되 되는 거대한 물고기야.

★ 내 피부는 엄청 두껍고 튼튼하고 질겨. 해수면에서 일광욕을 즐기다 배와 부딪쳐도 죽지 않아~.

북극권

고리무늬 물범
친구들이 많아 외롭지 않아~

〈북극권〉 천정의 수조에서 관람객들을 바라보고 있는 주인공은 바로 고리무늬 물범(Ringed Seal)이다. 물범류 중에서도 작고 머리가 작은 편이다. 일반적으로 배를 제외한 몸통은 회갈색의 바탕에 옅은 녹색의 반점 무늬가 있다. 배는 무늬가 없고 옅은 색이다. 대개 45m 깊이의 물속에서 활동하는데, 한 번 잠수하면 8분 정도 물속에서 지낸다.

몸길이가130cm, 몸무게가 수컷은 65~95kg, 암컷은 45~80kg 정도야. 40여년 정도 살아.

클리오네
소원을 들어준다는 전설의 생물

클리오네(Clione)는 신비롭게 날개를 흔드는 모습이 마치 천사의 모습처럼 보여서 '바다의 천사'라고 불린다. 사실 날개처럼 보이는 것은 지느러미다. 스스로 빛을 내는 게 아니라 몸통이 투명해 붉은 내장이 보이는 데다 주위의 빛을 받아 아름답게 보이는 것이다. 클리오네는 껍질이 없는 조개류인데, 알에서 태어날 때는 껍질이 있는데 성장하면서 사라진다.

★ 클리오네에게 소원을 빌면 소원이 이루어진다는 전설이 있어. 클리오네라는 이름도 그리스 로마 신화에서 바다의 요정 클리오네에서 가져온 거야.

몸길이가 1~3cm로 엄청 작아. 1년에 한번 식사를 하지.

북극권

해파리
물속에서 둥실둥실 신비로운 생명체

〈해파리〉관에서는 다양한 색과 모양의 신비로운 해파리(Jellyfish)들을 볼 수 있다. 주로 일본 연안에 서식하는 해파리를 중심으로 12종, 약 600점의 해파리를 전시하고 있다. 조명과 음향 등이 더해져 마치 우주의 은하처럼 환상적인 분위기를 느끼실 수 있다.

해파리관

> 뭐 하지?

동물들을 가까이서 만나니까 친구처럼 가깝게 느껴져~!

포크랜드

바위뛰기 펭귄 관찰하기
깡충깡충 귀여운 펭귄을 가까이서 봐~

수족관 관람이 끝났다고 생각할 때 쯤 바위뛰기 펭귄(Rock-hopper Penguin)의 떠들썩한 울음소리가 들린다. 낮은 유리벽을 두고 바위뛰기 펭귄을 바로 옆에서 볼 수 있다. 바위뛰기 펭귄은 주로 남극해의 바위 위에서 사는데, 바위에서 깡충깡충 뛰어다니는 모습 때문에 바위뛰기 펭귄이라는 이름이 붙여졌다. 눈 옆의 노랗고 검은색 깃털이 특징이다.

4월 25일은 '세계펭귄의 날'이야. 환경오염과 생태계파괴로 점점 사라지고 있는 펭귄을 기억하기로 한 날이지.

몸길이는 55cm, 몸무게는 2.5kg 정도로 남극해의 펭귄 중 가장 몸집이 작아.

상어와 가오리 만져보기
니네가 상어를 알아? 가오리를 알아?

〈몰디브제도〉관의 '만져보기 체험 수조'에서 헤엄치는 상어(Shark)와 가오리(Ray)를 만져 볼 수 있다. 상어의 까칠까칠하고 가오리의 미끈미끈한 감촉을 직접 느껴 보자. 단 다음의 네 가지 규칙은 꼭 지키자. ① 체험 전후에 반드시 손을 깨끗하게 씻는다. ② 수조 난간에 올라서지 않는다. ③ 상어의 입은 만지지 않는다. ④ 가오리의 꼬리는 만지지 않는다.

몰디브제도

> 가이유칸 수족관에서 느낀 동식물 보호

동물들은 왜 멸종돼?

예전에는 많았는데 지금은 너무 적게 남아서 앞으로 지구에서 완전히 사라질 위험에 처한 동물이나 식물을 멸종위기종이라고 한다. 왜 멸종위기에 처하게 됐을까? 함께 살아갈 방법은 없을까?

혹등고래

'멸종'은 생물의 한 종류가 완전히 없어지는 걸 말해!

나는 멸종위기 동물로 보호 받은 덕분에 개체수가 증가해서 멸종 위기종에서 벗어날 수 있었어!

살 곳도 먹을 것도 없어졌어!

안녕! 난 수달이야! 나는 깨끗한 강이나 습지, 연못 등에서 사는데 사람들이 무분별하게 개발하면서 내가 사는 곳이 많이 파괴돼서 살 곳이 부족해. 수질 오염 때문에 내가 먹어야 할 물고기가 줄어들었어.

환경오염으로 지구가 따뜻해지면서 내가 사는 북극의 얼음이 녹고 있어. 살 곳이 줄어들고 먹을 걸 찾기도 어려워졌어.

북극곰

수달

공룡

약 6,500만 년 전 지구를 지배하던 우리가 갑자기 사라졌어.

환경이 변했어!

어느 날 거대한 운석이 지구와 부딪히면서 지진과 화산 폭발이 일어났는데, 화산 폭발로 엄청난 화산재와 먼지가 생겨났어. 이게 햇빛을 가리면서 땅 위의 온도를 뚝 떨어뜨렸어. 그래서 식물들이 죽었고, 먹이가 없어진 초식 동물들도 굶어 죽게 되었어. 초식동물을 먹는 육식 공룡인 우리까지도 멸종됐어.

침팬지

사람들이 나무를 베고, 농장을 만들고, 집을 짓느라 숲을 없애서 내가 살 곳이 없어졌고 먹을 것도 없어졌어. 사람들이 날 잡아팔기도 했어!

코끼리

사람들이 마구 잡아서!

나의 하얗고 긴 이빨을 상아라고 하는데, 사람들이 상아를 장식품이나 돈벌이로 팔려고 나를 무차별하게 죽였어. 게다가 농장이나 도로, 도시를 만들면서 내가 살 숲이나 들판이 줄어들어 점점 살 곳이 없어지고 있어.

Universal Studio

즐거움이 폭발하는 곳

유니버셜 스튜디오

안녕.

나는 12살 메이라고 해.

넌 놀이공원 좋아해? 이 세상에 놀이공원을 싫어하는 사람이 있을까?

겁이 많아서 놀이 기구를 싫어하는 사람도 놀이공원을 싫어하지는

않을 거야. 나야 뭐~ 놀이공원을 너무너무 좋아하지!

오사카에는 유니버셜 스튜디오라는 놀이공원이 있어. 유니버셜 스튜디오

라는 영화사에서 운영하는 곳인데, 영화를 테마로 만들어진 곳이야.

그래서 가는 곳마다 영화에 등장했던 주인공들을 만날 수 있어.

<해리포터> 영화를 테마로 위저딩 월드 오브 해리도 인기지만, 귀여운

미니언즈가 바글바글한 미니언 파크도 좋고, 게임 속에 들어온 듯한

슈퍼 닌텐도 월드도 끝내줘!

곳곳에 먹거리로 가득해서 하루 종일 놀 수 있는 곳이야.

게다가 엄마아빠가 나보다 더 좋아하는 것 같기도 하다니까~.

나의 오사카 여행 추천 1위는 무조건 유니버셜 스튜디오야!

- ☐ 방문일의 개장 시간을 미리 확인해요.
- ☐ '위저딩 월드 오브 해리포터', '슈퍼 닌텐도 월드'는 입장권 외에 입장정리권(입장확약권)이 필요해요.
- ☐ 어트랙션을 오래 기다리지 않고 타려면, 익스프레스 패스를 구매하는 게 좋아요.
- ☐ 키 제한이 있는 어트랙션이 있어요.
- ☐ 대기나 휴식할 때 사용할 물품을 가져가면 편해요.

유니버셜 스튜디오

영화를 주제로 한 테마파크 ★ 오사카 여행에서 빼놓을 수 없는 곳! 도쿄에 디즈니랜드가 있다면 오사카에는 유니버셜 스튜디오 재팬(USJ)이 있다. ★ 할리우드 영화를 주제로 만들어진 이곳은 뉴욕 에어리어(뉴욕 지역)를 시작으로 다채로운 영화 배경이 펼쳐져 있다. 거리 곳곳에 포토존이 가득하고 영화를 주제로 한 어트랙션은 많은 사람들로 끊이지 않는다. ★ 스파이더맨, 미니언, 쥬라기 공원 등은 사람들의 꾸준한 사랑을 받는 곳이다. ★ '위저딩 월드 오브 해리포터'와 '미니언 파크', '슈퍼 닌텐도 월드'는 반드시 가야하는 곳으로 명성이 자자하다. ★ 하루에 다 볼 수 없을 정도로 다채로운 이곳은 특히 가족 단위 여행객들이 즐거운 시간을 보낼 수 있는 곳이다.

개장, 폐장 시간이 정해져 있지 않아!

이곳의 개장 시간과 마감 시간은 월별, 요일별로 조금씩 변해. 예를 들어 어떤 날짜는 8:30에 개장하지만, 어떤 날짜에는 9:00에 개장해. 폐장 시간도 마찬가지야. 그 시간에 따라 입장권이나 익스프레스 패스의 가격도 달라져. 그러니 가는 날짜의 개장, 폐장 시간을 꼭 확인 해야 해.

예약은 1~2달 전에 해야 해!

USJ는 워낙 인기 있는 곳이라 최소한 1~2달 전에 미리 예약을 해야 해. 특히 꼭 타고 싶은 어트렉션이 있다면 더 서둘러야 할지도 몰라. 여행계획이 세워졌다면 유니버설 스튜디오 예약부터 하는 걸 잊지 마!

파크에 입장해 생일이라고 말하면 생일 스티커를 줘. 스티커를 붙이고 있으면 직원과 캐릭터들이 생일 축하한다고 말해 줘!

미리 계획하기
계획하면 즐거움은 배가 돼~

USJ는 미리 잘 알고 계획을 잘 세우는 게 중요하다! 계획을 잘 세운 만큼 고생도 덜하고 즐겁게 놀 수 있다. 내가 탈 수 있는 어트랙션의 개수와 이용 시간, 기념품의 예산 등을 미리 생각하고 간다면 정해진 시간 동안 최대로 즐기면서 보낼 수 있다. 계획을 세우는 데 가장 중요한 것은 내가 무엇을 꼭 타고 싶은지 결정하는 것이다.

● 뭘 타지?

www.usj.co.jp/web/ko/kr/areas에서 어떤 어트랙션이 있는지 확인할 수 있다. USJ는 10개의 큰 에어리어(area, 지역)로 나눠져 있고 각 에어리어 안에 다양한 어트랙션이 있다. 꼭 타고 싶은 어트랙션과 꼭 가보고 싶은 곳이 있는지 미리 적어 보자!

규모가 크기 때문에 하루에 다 둘러보는 건 불가능해! 꼭 타고 싶은 걸 골라 봐!

● 미리 영화를 보면 더 스릴있어~

USJ의 어트랙션은 영화에 등장하는 인물과 이야기로 구성되어 있기 때문에 영화의 줄거리와 등장인물에 대한 지식이 있다면 훨씬 재미있게 즐길 수 있다. 어트랙션에 대한 설명이 일본어더라도 줄거리와 캐릭터만 알고 있다면 즐기는 데 전혀 무리가 없다. 그러니 방문 전 미리 영화 보는 것을 추천한다.

마리오 모자나 해리 포터 지팡이 등을 빌려주는 곳도 있어.

www.usj.co.jp/kr/attractionguide

● 내 키에 탈 수 없는 어트랙션은?

어트랙션을 예약하기 전에 사이트를 방문해 어트랙션 가이드에 나와 있는 탑승 제한 키를 확인해야 한다. 이미 구매한 티켓을 키 때문에 못 쓴다면 큰일이니까! 혼자 타는지, 보호자와 함께 타야 하는지에 따라 탑승 제한 키가 다르니 어디에 해당되는지 꼭 확인하자.

● 코스튬은 한국에서 준비해~

캐릭터처럼 입고 싶다면 현장에서 구매할 수도 있지만 놀랄 만큼 가격이 비싸다. 한국에서 미리 준비해 가는 것도 여행이 더 즐거워지는 방법 아닐까?

슈퍼 닌텐도 월드
Super Nintendo World
마리오 게임을 통째로 옮겨 놓은 곳

이곳은 USJ에서 가장 인기 있는 곳이다. 마리오 게임 속 세상을 현실에서 만나는 것 같은 착각을 일으킨다. 다양한 미션을 수행하며 즐기는 액티비티도 있고, 닌텐도 게임 속 캐릭터들을 만나 사진을 찍을 수도 있다.

★ '슈퍼 닌텐도 월드'에 들어가려면 에어리어 입장 정리권이 필요해. 정리권은 USJ에 입장한 후 어플로 발급받을 수 있는데, 발급받기가 쉽지 않아. 익스프레스 티켓을 구매했다면 정리권 없이 바로 입장 가능해.

●요시

요시를 타고 닌텐도 월드를 한 바퀴 도는 어트랙션!

●마리오 카트

마리오 카트를 타고 실제 게임 속으로 들어온 듯 짜릿한 경험을 해.

파워업 밴드로 물음표 블록을 치면 코인을 획득할 수 있고 여러 장소에서 스탬프를 수집할 수 있어. 파워업 밴드는 현장에서 살 수도 있고 한국에서 저렴하게 대여할 수도 있어.

미니언 파크 Minion Park
귀여운 악동 미니언들이 가득가득

커다란 눈의 노란 미니언들이 가득한 이곳은 USJ에서 가장 귀여운 공간이다. 알록달록한 색감의 건물과 장식품들로 마치 동화 속에 들어온 듯하다. 애니메이션 속 미니언들의 공간에서 나도 미니언이 되어보는 경험을 해보자.

미니언과 찰칵!

● **스페이스 킬러**

캔 6개를 모두 쓰러트리면 인형을 상품으로 받을 수 있어. 도전~!

● **미니언 메이헴**

거대한 돔 스크린 위에 4D로 즐기는 스릴 넘치는 어트렉션이야. 그루가 만든 '미니언이 되는 차량'을 타고 미니언이 되어 모험을 떠나.

위저딩 월드 오브 해리포터
The Wizarding World of Harry Potter
영화는 못 봤지만 해리포터는 좋아해~

〈해리포터〉 영화나 책을 본 해리포터 팬이라면 놓칠 수 없는 곳이다. 영화 속 호그와트 성과 호그스미드 마을을 그대로 재현해 놔서 마치 마법 세계에 들어온 듯한 기분이 든다. 직접 다양한 마법을 체험할 수 있고, 3D 어트랙션에 탑승하면 해리포터 영화 속 장면 속으로 들어간 듯 실감 나는 경험을 할 수 있다.

● **해리 포터 앤드 더 포비든 저니**

호그와트 빗자루를 타고 해리포터, 론, 헤르미온느와 함께 하늘을 날며 모험을 떠나는 어트랙션이야. 함께 퀴디치 마술 게임 한 판 즐겨봐~!

호그와트 기차를 직접 보는것 같아. 역무원과 찰칵!

● **플라이 오브 더 히포그라프**

독수리의 머리와 말의 몸을 가진 히포그리프와 하늘을 날아!

직접 지팡이로 마법을 부릴 수 있어. 이것 말고도 종류가 엄청 많아~!

쥬라기 공원 Jurassic Park
USJ에서 최고 스릴 있는 건 나야

영화 '쥬라기 공원'을 테마로 진짜 공룡 시대에 온 것처럼 꾸며진 곳! 익룡에 매달린 채로 스릴을 즐길 수 있는 롤러코스터 '플라잉 다이너소어(Flying Dinasour)'가 바로 이곳에 있다. 하지만 132cm 이상만 탈 수 있다. 키 제한으로 탈 수 없다면 배를 타고 공룡 세계를 탐험하는 쥬라기 공원 더 라이드(Jurassic Park The Ride)에 도전하자! 움직이는 공룡들을 눈앞에서 만날 수 있는 '미트 & 그리트(Meet & Greet)'도 놓치지 말자.

유니버셜 원더랜드
Universal Wonder Land
온 가족이 행복해지는 곳

스누피, 헬로우 키티, 엘모 등 세계적으로 유명한 캐릭터들이 사는 세계! 엄마아빠는 어렸을 때 좋아했던 캐릭들이 많아 동심으로 돌아갈 수 있어서 좋고, 동생은 쉬운 어트랙션이 많아 신나는, 가족 모두가 즐길 수 있는 공간이다. 실내 놀이터도 있어서 날씨가 많이 덥다면 이곳에서 잠시 땀을 식히며 노는 것도 좋다.

뭐 먹지?

★ 먹는 것도 즐겁게~

해피니스 카페 Happiness Cafe
눈과 입이 즐거운 미니언 식당

'미니언 파크'에 들어와서 오른쪽으로 가면 외벽에 거대한 코카콜라 병이 붙어있는 인상적인 식당! 미니언이 컨셉인 이곳은 1, 2층이 모두 식당이다. 메뉴는 버거, 치킨 플레이트, 카레 세트 세 가지로 간단하지만 이곳을 찾아야 하는 이유는 미니언즈 버거 때문! 너~무 귀여운데 맛있기 까지 해서 인기다. 점심시간을 피해 가면 길게 줄 서지 않아도 된다.

키노피오 카페 Kinopio's Cafe
키노피오가 해주는 요리를 먹어~

이안에 버섯 수프있다~!

'닌텐도 월드' 안에 있는 식당으로, 버섯을 테마로 꾸며져 있다. 버섯 왕국 레스토랑의 귀여운 셰프 버섯돌이 키노피오가 요리를 해주는데 음식들이 너무 귀엽다. 식당의 내부는 마리오 파워 업 아이템들로 꾸며져 있어서 게임 속에서 주문도 하고 식사도 하는 느낌이다. 마리오 모자가 꽂혀진 버거가 인기인데 이 모자는 기념품으로 가져 갈 수 있다.

인기있는 곳이라 닌텐도 월드에 입장하자 마자 QR코드로 예약하는게 좋아.

귀엽고 맛있는 간식
간식도 귀엽게~

이곳에서만 먹을 수 있는 간식들은 뭐가 있을까? 맛도 있지만 너무 예뻐서 인증샷은 필수다!

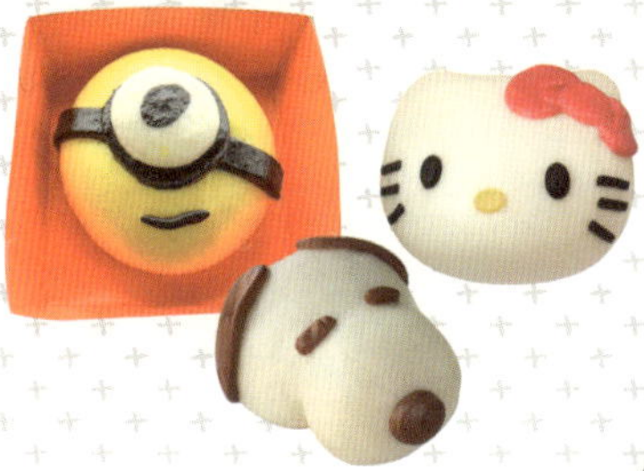

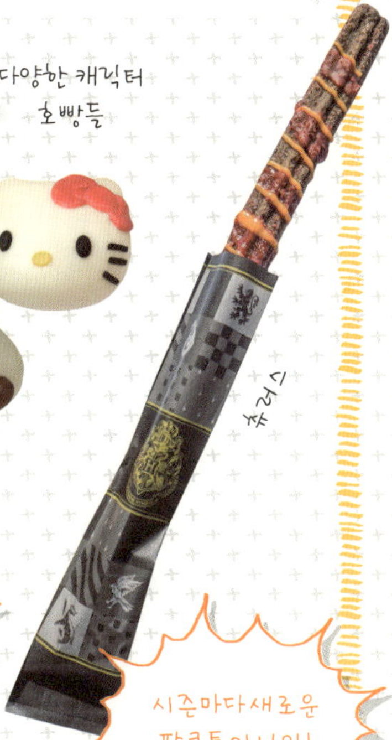

기념품
이건 꼭 사야 해!

이곳에서만 살 수 있는 캐릭터 상품이 가득하다. 인형, 옷, 머리띠, 열쇠고리, 물통 등 종류도 어마어마하다.

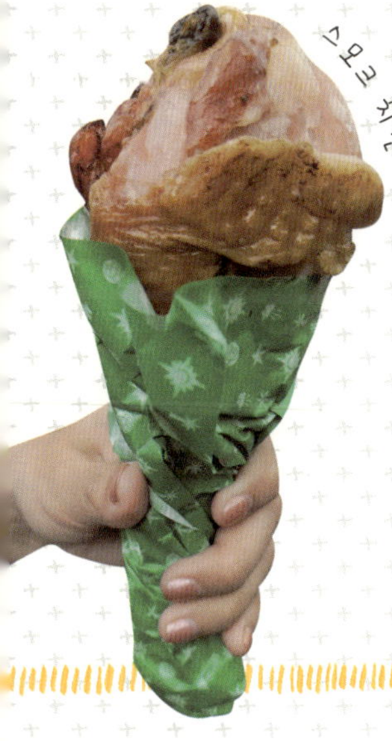

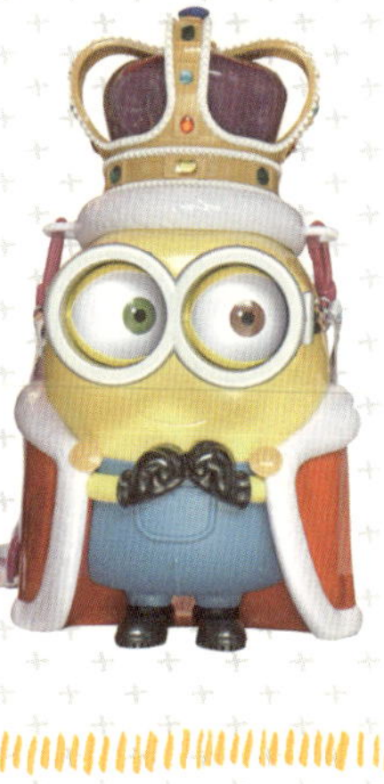

清水寺

교토의 고찰, 교토의 상징

기요미즈데라

안녕.

교토에 살고 있는 카즈마라고 해.

난 그림 그리는 걸 좋아해. 사람들이 내가 아빠를 닮아서 그림을 잘 그리는 거래. 아빠는 유젠염색 장인이시거든. 유젠염색은 옷감에 직접 그림을 그려서 염색하는 기술인데 기모노에 사용되는 옷감에 유젠염색의 예쁜 그림이 그려져 있어. 특히 교토가 유젠염색으로 유명해. 우리 아빠는 유젠염색에 사용할 그림의 아이디어를 얻기 위해 교토 이곳저곳을 다니시는데, 그중에서도 기요미즈데라를 가장 좋아하셔. 물론 기요미즈데라는 교토에서 가장 많은 사람들이 찾는 관광지이기도 해. 아빠 말로는 기요미즈데라에서 바라보는 교토의 풍경이 사계절 내내 훌륭하기도 하고, 사찰에 사용된 장식도 무척 아름답대. 게다가 기요미즈자카 거리에는 기모노를 입은 사람들을 쉽게 볼 수 있어서 여러 가지 아이디어가 떠오르신대.

너도 기요미즈데라에서 교토의 아름다움을 맘껏 느껴 봐!

- 오전 6시에 열어서 오후 6시에 닫아요.
- 한 번 표를 사면 그날 재입장 할 수 있어요.
- 오르막길이 있으니 편한 신발과 물을 챙겨요.

기요미즈데라

★ 매년 300만 명 이상 사람들이 찾는 사원 ★ 기요미즈데라는 일본에서 가장 유명한 사찰 중 하나이자 교토의 상징이다. ★ 기요미즈데라(清水寺)에서 '기요미즈(清水)'는 '맑은 물', '데라(寺)'는 '사찰, 절'이라는 의미로, '맑은 물의 사찰'을 의미한다. 오토와 폭포가 흐르고 수풀이 우거진 언덕에 세워져서 붙여진 이름이다. ★ 778년에 처음 세워진 이후에 소실과 재건을 수없이 반복했다. ★ 사찰 곳곳이 중요 문화재인데, 그중에서도 139개의 기둥 위에 아슬아슬하게 세워진 본당 무대가 가장 유명하다. ★ 물을 마시면 소원이 이루어진다는 오토와 폭포와 입장권에도 그려져 있는 주황색의 3층탑도 인상적이다. ★ 이 사찰은 유네스코 세계문화유산으로 등재돼 있다.

세상을 떠난 아기의 안녕을 빌어

일본을 걷다 보면 빨간색의 모자나 목도리, 턱받이를 하고 있는 석상(돌로 만든 조각상)을 자주 보게 된다. 바람개비가 쥐어져 있거나 아이들이 좋아하는 과자나 장난감이 놓여져 있다. '미즈코지조(水子地蔵)'라는 것인데, 일본 특유의 문화다.

태어나지 못했거나 세 살 이전에 세상을 떠난 아기의 안녕과 평화를 빌어주기 위한 것이다. 아이를 지켜 주는 지장보살이 빨간 모자나 턱받이에 묻은 아이 냄새로 아이를 찾아와 악귀로부터 보호해 달라는 의미라고 한다.

신기하고 귀엽다고 사진을 찍기 보다는 세상을 떠난 아기들의 안녕을 빌어주자!

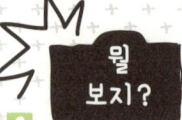

> '단청'은 목조건물에 여러 가지 색으로 무늬를 그리거나 채색을 해서 장식하는 것을 의미해.

삼중탑
입장권에 있는 바로 그 탑

입구인 니오몬(인왕문)을 지나면 오른쪽에 붉은 색의 3층탑인 삼중탑(三重塔 산주노토)가 있다. 이 탑은 일본 목조 3층탑 중 가장 높고(31m) 단청은 일본의 다른 절 단청과 달리 아름다운 색과 섬세한 문양으로 만들어져 화려하다.

★ 3층탑 앞에 죽은 사람의 영혼을 저승으로 인도하는 지장보살이 있어. 아이들의 수호신이기도 해.

무쇠 석장 & 게다
사람들이 들어보겠다고 난리야~

입구를 지나면 무쇠로 만든 조형물 주변으로 사람들이 몰려있다. 무쇠로 만든 석장(錫杖 승려들이 짚고 다니는 지팡이)과 게다(げた 나막신)인데, 가장 긴 석장은 무게가 약 90kg이고 작은 석장은 약 14kg, 그리고 게다는 약 12kg이다.

★ 불교를 익히는 사람들이 본당과 폭포 사이의 계단을 1만 번 오르내린 것을 기념하기 위해서 만든 거래.

기요미즈 본당 & 무대
절벽 위에 아슬아슬~

'본당'은 절에서 부처(본존)를 모시고 있는 곳을 말하는데, 이곳 본당에도 1200년 이상을 모셔온 영험한 관세음 '십일면 천수관음상'이 있다. 하지만 일반인에게 공개되지 않는다. 대신 앞에서 간단히 기도를 올릴 수는 있다.

> 무대에서 교토 시내가 훤히 보여. 멋진 전망 때문에 항상 많은 사람들로 붐벼.

12m 높이의 가파른 절벽에 지어진 무대! 본당 앞으로 10m 가량 툭 튀어나와 있는데 많은 참배객들을 수용하고 다양한 행사 장소로 쓰기 위해서래.

> 여래상은 손으로 만지라고 쓰여있어. 불상을 쓰다듬으며 소원을 빌면 소원이 이루어진대.

★ 이 나무 구조물은 못을 사용하지 않고 오로지 12m 높이의 느티나무로 기둥을 만든 다음, 400여 개 이상의 노송나무 판자를 깔아 완성했어. 그래서 지진에도 끄떡 없을 만큼 튼튼해.

산넨자카 & 닌넨자카
아름다운 교토의 가장 아름다운 길

기요미즈데라 주변에 산넨자카(三年坂)와 닌넨자카라(二年坂)는 일본 명소가 있다. '자카(坂)'는 '고갯길, 고개'라는 뜻인데, 이름에서 알 수 있듯이 이곳은 오르막길이다. 이 길은 오랫동안 기요미즈데라의 참배로(參拜路 기도를 하며 걷는 길)였다고 한다.

산넨자카와 닌넨자카는 옛 교토 분위기를 그대로 느낄 수 있는 곳이야. 좁은 길을 따라 오래된 일본식 목조 건물들이 늘어져 있어서 어디서 사진을 찍어도 멋지게 나와. 그래서 기모노나 유카타를 입고 사진을 찍는 사람들을 많이 볼 수 있어.

기모노 대여점에서 기모노를 빌려 체험해 보는 것도 재밌어.

● 산넨자카 이야기

808년에 만들어진 산넨자카에는 46개의 돌계단이 있는데, 여기서 넘어지면 3년 안에 죽는다는 이야기가 있다. 그런데 만약 넘어졌더라도 호리병을 사서 몸에 지니면 저주가 사라진다고 한다. 그래서인지 이곳 주변에는 호리병을 파는 가게들이 많다.

일본의 유명한 사찰에서 소원을 빌어!

에마에서 '에(繪)'는 '그림', '마(馬)'는 '말'을 의미해.

에마
소원을 말해 봐~

말 그림이 그려진 나무판에 소원을 적어 걸어두는 걸 에마(繪馬)라고 한다. 일본의 신사나 절에서 흔히 볼 수 있다. 일본 학생들은 합격의 기원을 에마에 적어 바친다고 한다.

★ 오랜 옛날 사찰에 말을 바치며 소원을 빌었던 것에서 유래돼서 마구간 모양의 나무판에 말 그림을 그려 사용했다고 해. 요즘은 말 그림 말고도 다양한 그림이 그려져 있어.

오토와노타키
3줄기 모두 마시면 도로아미타불~

청수사(맑은 물의 절)라는 이름의 유래가 된 '오토와노타키(音羽の滝 오토와 폭포)'는 지금까지 변함없이 흐르고 있다. 3줄기의 폭포는 각각 건강 운, 학업 운, 연애 운을 보장하는 성스러운 물로 통해서 소원을 빌며 물을 마시려는 사람들로 붐빈다.

뭐 먹지?
특별한 간식
이건 먹어 봐야지~

걷다보면 사람들이 한결같이 들고 있는 간식들이 있다. 한국에서는 보기 힘든 이곳의 대표 간식들이니 한번 시도해 보자!

● **야츠하시**
찹쌀가루, 설탕, 시나몬을 섞어 만든 디저트야. 속에 단팥이 들어 있어 더 맛있어.

● **절인 오이 꼬치**
채소를 소금과 식초, 설탕에 절인 장아찌(츠케모노)는 교토의 특산품 중 하나야. 첫 맛은 짜지만 씹을 수록 맛있어.

● **당고**
동그란 경단을 꼬치에 꽂아 구워 달달한 간장 소스를 발라 먹는 미타라시 당고는 교토의 전통 디저트야.

길거리에서 만난 일본의 전통문화

일본 전통 의상
기모노

세계 어느 나라든 그 나라만의 전통 의상이 있다. 우리나라에는 한복이 있듯이 일본에는 기모노가 있다. 기모노는 어떤 옷인지 어떻게 입는지 알아보자!

기모노 입는 순서

❶ 기모노를 입어요.   ❷ 허리끈을 묶어요.

❸ 오비(띠)를 메요.   ❹ 단정하게 마무리해요.

● 오비

한복의 옷고름처럼 기모노를 단정하게 고정시키고 장식의 효과를 주기 위해 사용해.

나무로 만들어진 건 '게다'라고 해!

● 타비

발끝이 두 갈래로 나눠진 일본식 양말이야.

● 조리

짚이나 가죽, 천 등으로 만들어졌어. 기모노 입을 때 신어.

★ 일본의 온천이나 여관, 호텔 등에서 주는 유카타라는 옷이 있어. 유카타도 기모노의 한 종류야. 기모노는 실크처럼 고급 소재의 원단에 멋진 그림이 그려져 있고 결혼식이나 예의를 갖춰야 하는 자리에서 입는 전통 의상이야. 반면 유카타는 패턴도 단순하고 일상에서 편하게 입을 수 있도록 면 등의 소재로 만들어졌어.

안녕.

난 검도를 사랑하는 유이나라고 해.

검도는 유도와 함께 일본을 대표하는 스포츠 중 하나야.

그래서 어린이부터 어른까지 검도를 즐기는 사람들이 많아.

처음에는 죽도를 휘두르며 장난만 쳤지만 지금은 검도의 기본 정신인 예절과 존중을 실천하고 일본의 전통 무술에 대한 자부심을 생각하며 연습하고 있어.

검도는 사무라이가 익혔던 검술에서 시작된 스포츠라는 거 알아?

나는 도쿠가와 이에야스라는 사무라이를 가장 좋아해. 때를 기다릴 줄 아는 끈기를 가진 분으로 많은 일본사람들의 존경을 받고 있어.

그래서 도쿠가와 가문이 살았던 니조성은 빠트릴 수 없는 교토의 관광 명소 중 하나야. 교토의 중요한 역사를 그대로 담고 있는 곳이거든.

어때? 니조성이 궁금하지 않아? 도쿠가와 가문과 사무라이를 만날 준비 됐어?

- 오전 8시 45분부터 오후 5시까지 열려 있어요.
- 한국어 오디오 가이드를 빌릴 수 있어요.
- <니노마루 고덴> 내부는 촬영금지예요.

니조성

최고 막부의 권위를 상징 ★ 니조성은 1603년에 지어졌으며 일본 성의 특징을 한 눈에 볼 수 있는 성이다. ★ 이곳은 토요토미 히데요시가 죽자 도쿠가와 이에야스가 통일 일본을 정복하고 교토에 있는 왕을 만나러 갈 때 교토 숙소로 사용했던 곳이다. 도쿠가와 가문의 별장 개념으로 지어진 화려한 장식과 정원이 아름다운 성이라고 볼 수 있다. ★ 처음부터 이렇게 큰 성의 형태는 아니었고, 1626년 도쿠가와 이에미스가 천황의 행차에 맞춰 크게 키워 지금의 모습이 되었다. ★ 1867년 15대 쇼군(장군) 도쿠가와 요시노부가 국가 통치권을 천황에게 돌려줌과 동시에 니조성도 일본 황실의 재산이 되었다. ★ 1994년 유네스코 세계문화유산으로 지정되었다.

일본인이 존경하는 도쿠가와 이에야스

도쿠가와 이에야스는 2살 때 어머니와 생이별을 하고 6살 때 다이묘(무사)의 인질로 넘겨진다. 19살에 해방됐지만 힘이 없었던 그는 강한 장군들(오다 노부나가, 도요토미 히데요시)과 친하게 지내며 기회를 기다렸다.

고전을 겪던 히데요시가 병으로 죽자 도쿠가와 이에야스는 세키가하라 전투리는 큰 전쟁에서 이기면서 일본에서 가장 강한 장군이 되었다. 이에야스가 나라를 다스리기 시작하면서, 싸움이 거의 없는 평화로운 시대가 시작되었다.

일본 사람들은 나라를 평화롭게 만든 영웅 도쿠가와 이에야스를 '때를 기다릴 줄 아는 뛰어난 지략가'로 생각하며 존경을 표한다.

뭐 보지?

일본의 사무라이가 궁금해~!

해자
적군이 해자를 보고 싸울 맘이 없어졌대

오사카 성처럼 니조성도 적의 침입을 막기 위해 성 주위를 파서 물로 채워 놓은 해자 (外堀 소토보리)로 둘러싸여 있다. 넓이 3m, 깊이 17m의 인공수로다. 거대한 해자와 빈틈없이 돌로 쌓아올린 가파른 성벽은 적군의 싸우고자 하는 의욕을 상실시킬 만큼 거대하다. 닌자는 이 성벽을 넘었다고 하는데 어떻게 여길 넘어 다녔던 걸까?

히가시 오테몬
육중한 철문으로 된 니조성의 정문

니조성은 동서남북에 문이 하나씩 있는데, 동쪽에 있는 히가시 오테몬이 정문이다. 히가시 오테몬의 지붕 끝에는 화재를 막아준다는 샤치호코의 머리가 달려 있다. 상상의 동물인 샤치호코는 호랑이 머리에 가시가 돋친 물고기 몸을 가지고 있다. 각진 문기둥의 위아래에 화려하게 세공된 장식도 놓치지 말고 보자!

오테문은 '성의 정문'을 뜻해.

카라몬
입이 쩍 벌어지는 화려하고 거대한 문

니조성에 들어서면 바로 보이는 거대한 문이 카라몬(唐門)이다. 문이 달린 안쪽 기둥은 둥글지만 그 앞뒤 4개의 기둥은 각진 형태이다. 문의 형태는 주인의 지위를 나타내곤 하는데 이런 형태의 문은 지위가 가장 높은 사람들만 가질 수 있었다. 지붕의 곡선도 아름답지만, 지붕이 기와가 아닌 나무껍질이 사용된 것도 독특하다.

★ 문 위쪽에는 학과 송죽매(추위를 잘 견디는 나무인 소나무와 대나무, 매화나무)가 조각돼 있어. 문 전체에는 섬세하게 세공된 금붙이가 장식돼 있어.

니노마루 정원
세계인이 좋아하는 일본 정원

니노마루 정원(二の丸庭園)은 다도(차에 대한 예법)와 조원술(정원을 만드는 기술)의 명인이었던 코보리 엔슈의 작품이다. 연못의 중앙에 섬을 상징하는 돌을 두고, 그 좌우에 학과 거북이 모양의 돌을 배치해서 연못 주위를 돌며 관상하는 방식의 정원이다. 이런 형태의 전통 일본식 정원은 세계인의 사랑을 받고 있다.

니노마루 궁전
나는 일본의 국보야!

6개의 건물이 연결되어 있는 독특한 건축물이다. 총 방의 수는 33개, 전체 면적은 3,300㎡에, 사용된 다다미가 800여장이다. 이 모두가 일본의 중요문화재로 지정돼 있다. 니노마루 궁전(二の丸御殿)의 내부는 유물 보존을 위해 사진 촬영이 금지된 곳이다. 스케치나 노트도 불가능하니 알아 두자!

궁전은 5개의 건물이 마루 바닥의 복도로 연결돼있어.

● 마루 바닥에서 새소리가 나!

궁전 내부의 마루를 밟으면 '삐걱삐걱' 새소리가 나. 당시 닌자들의 암살 시도가 많아서 마루를 밟기만 해도 새소리가 나서 쉽게 알아차릴 수 있도록 만든 보안시스템인 셈이야. 이 마루를 우구이스바리(鶯張 휘파람새 마루)라고 불러. 삐걱거리는 소리가 휘파람새 소리처럼 들리거든.

● 궁전 내부에 벽화가 엄청 많아!

궁전 내부에는 '후스마에'라는 화려한 장벽화가 많아. 일본의 성이나 사찰, 귀족들의 큰 주거건물의 넓은 내부 공간을 나누는 데 사용한 문을 '후스마'라고 하는데, 일본 건축의 특징 중 하나다. '후스마'에 그린 그림을 '후스마에'라고 한다.

★ 마루를 밟으면 바닥 판자 아래의 금속 장치가 위아래로 움직이면서 소리가 나는 원리야.

> 내부에 들어갈 수는 없지만 옛 모습이 잘 보존된 궁중 건축물이야.

혼마루
니조성의 중심은 나야~

니조성이 처음 지어졌을 때에는 니노마루 밖에 없었다. 혼마루(本丸)는 1626년 3대 쇼군인 도쿠가와 이에미쓰가 건물을 확장하면서 생긴 곳이다. 원래는 5층의 성이 있었는데 벼락을 맞아 불타버렸고, 1788년 화재로 주변 건물마저 모두 불타 지금은 그 터만 남았다. 현재의 혼마루는 교토 궁전에 있던 황실의 별장을 1893년에 2년간에 걸쳐 옮겨온 것이다.

세이류엔
차를 마시는 다실이 있는 정원!

큰 부자인 스미오구라 료이의 집터에서 다실(茶室 차를 마시는 곳)과 정원석 800여 개를 기증받고, 전국의 유명한 돌 300여 개를 모아 만든 정원이다. 정원 한 쪽에는 '향기로운 구름이 머무는 정자'라는 의미의 코우운테이(香雲亭 향운정)가 있다. 아쉽게도 내보는 볼 수 없다.

★ 코우운테이 옆에 와라쿠안(和樂庵)이라는 다실이 있는데, 이곳에서 모찌와 차를 마실 수 있어.

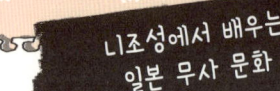

헷갈리는 닌자와 사무라이

일본 애니메이션이나 만화를 보면 닌자와 사무라이가 자주 등장한다. 늘 헷갈리는 이 둘은 뭐가 다른 걸까?

사무라이(侍)의 侍는 '가까이에서 모시다, 지킨다'라는 뜻이야.

→ 가타나

일본의 전사, 사무라이

사무라이는 옛날 일본에서 왕이나 귀족을 지키는 전사(용사)였어. 무사 계급의 전사여서 명예와 약속을 아주 중요하게 생각했다고 해. '가타나'라는 칼과 화려하게 장식된 갑옷, 뿔 장식이 달린 투구는 사무라이의 상징이야.

★ 오사카 성에서 보았던 도쿠가와 이에야스와 도요토미 히데요시도 사무라이였어. 이 두 쇼군은 높은 실력과 정치력으로 사무라이가 나라를 지배하는 통치가가 된 거지! 귀족을 지키는 사무라이에서 귀족보다 높은 사람이 된 거야.

"난 어둠 속에서 쉽게 눈에 띄지 않기 위해서 검은색 옷을 입지!"

비밀 요원, 닌자

사무라이가 오늘날의 군인이라면 닌자는 스파이와 같은 첩보원이야. 보이지 않는 곳에서 활동하는 스파이! 첩보, 침투 암살 등을 전문으로 했는데, 높은 돌담이나 울타리를 자유롭게 넘어서 아무도 모르게 침입해 적의 정보를 빼오거나 적진을 기습하기 위해 활동했어.

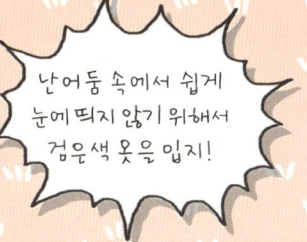

"이건 표창이야. 수리검 중 하나인데 가장 유명한 닌자의 무기야!"

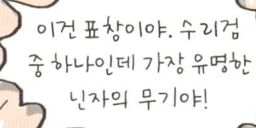

"속이 빈 관에 바늘 달린 화살을 넣어 불어 쏘는 바람총"

오사카 도톤보리 닌자 체험 카페
닌자 옷을 입고 칼 사용법, 닌자가 걷는 법, 수리검 사용법 등을 배우는 체험 카페!

교토 사무라이 & 닌자 박물관
사무라이와 닌자의 역사와 유물이 전시돼어 있고 체험도 할 수 있는 곳!

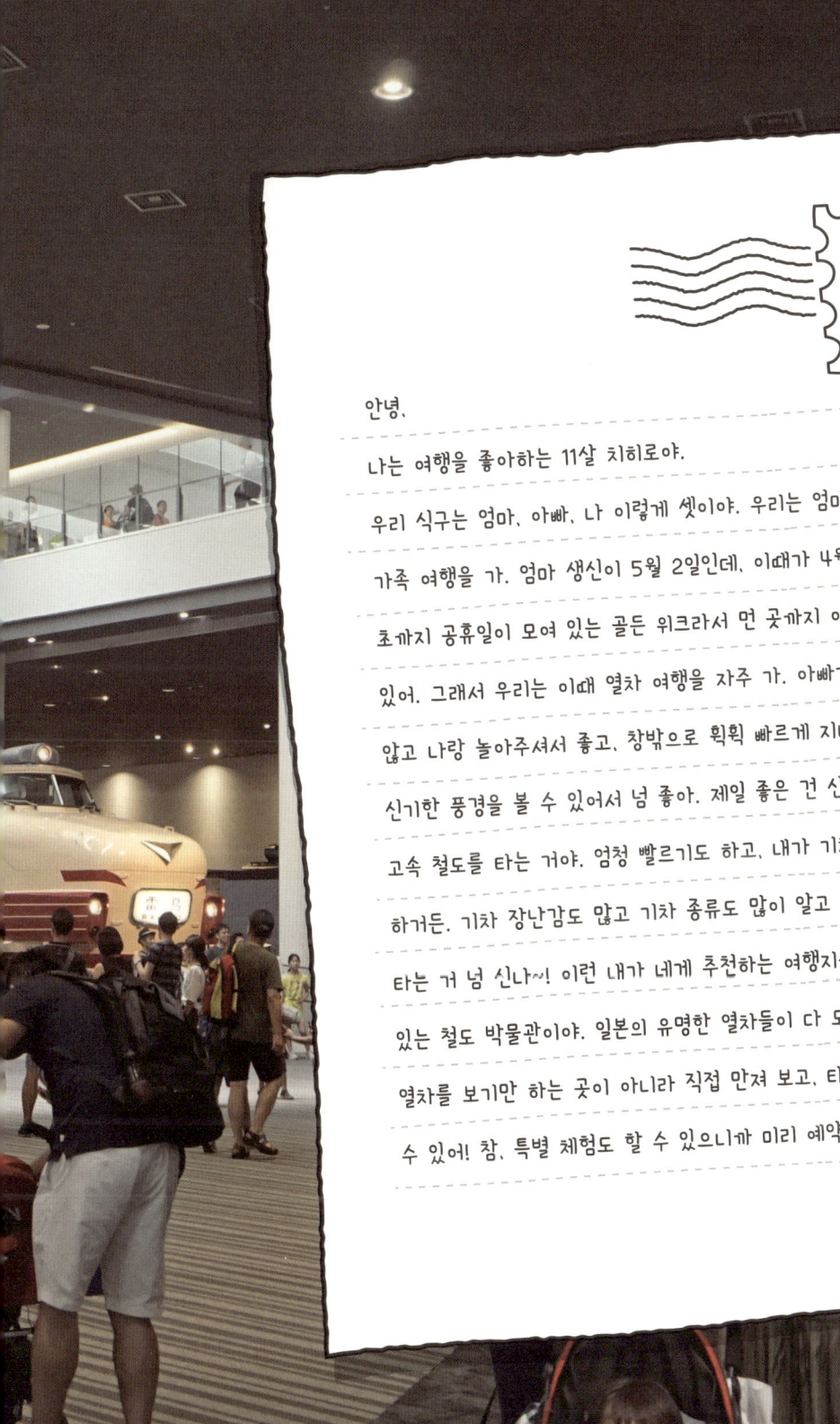

안녕.

나는 여행을 좋아하는 11살 치히로야.

우리 식구는 엄마, 아빠, 나 이렇게 셋이야. 우리는 엄마 생신 때마다 가족 여행을 가. 엄마 생신이 5월 2일인데, 이때가 4월 말부터 5월 초까지 공휴일이 모여 있는 골든 위크라서 먼 곳까지 여행을 할 수 있어. 그래서 우리는 이때 열차 여행을 자주 가. 아빠가 운전을 하지 않고 나랑 놀아주셔서 좋고, 창밖으로 휙휙 빠르게 지나가는 신기한 풍경을 볼 수 있어서 넘 좋아. 제일 좋은 건 신칸센이라는 고속 철도를 타는 거야. 엄청 빠르기도 하고, 내가 기차를 최고로 좋아하거든. 기차 장난감도 많고 기차 종류도 많이 알고 있어. 그래서 기차 타는 거 넘 신나~! 이런 내가 네게 추천하는 여행지는 바로 교토에 있는 철도 박물관이야. 일본의 유명한 열차들이 다 모여 있거든. 그리고 열차를 보기만 하는 곳이 아니라 직접 만져 보고, 타 보고, 운전도 해볼 수 있어! 참, 특별 체험도 할 수 있으니까 미리 예약해.

- 오전 10시에 열어서 오후 5시 30분에 닫아요. 들어가는 건 오후 5시까지 가능해요.
- 한국어 오디오 가이드는 유료로 빌릴 수 있어요.
- JR의 주요 역이나 세븐일레븐에서도 입장권을 살 수 있어요. (매표소에서 줄 서지 않아도 돼요.)
- 매주 수요일과 12월 30일~1월 1일은 열지 않아요.

교토 철도 박물관

철도의 나라 일본 ★ 일본의 철도는 1872년 도쿄에 증기 기관차 노선이 처음 개통되면서 시작됐다. 현재 일본은 세계에서 철도 수송량이 가장 많을 정도로 철도 이용이 높은 나라다. ★ 이곳은 일본에서 가장 큰 철도 박물관으로 일본의 철도 역사와 발전을 한눈에 볼 수 있다. ★ 철도의 변천사, 철도 차량의 특징 등을 관람하고 다양한 전시물을 체험할 수 있다. ★ 일본 최초의 증기 기관차, 세계 최초의 고속 열차 신칸센 등 여러 기관차의 실물을 보고 체험하는 것은 어린이뿐만 아니라 어른도 눈을 뗄 수 없다. ★ 특히 직접 타볼 수 있는 증기 기관차는 항상 승객들로 붐빈다. ★ 입장권은 당일 현정 구매도 가능하고, 세븐일레븐 편의점에서도 미리 구매할 수 있다.

kyotorailwaymuseum.jp/kr/guide

철도 박물관의 캐릭터

어느 봄날, 교토를 찾아온 호기심이 많은 제비 소년 우메테츠(ウメテツ)는 우메코지 증기 기관차와 철도에 매료돼 매일 그 장소를 찾았다. 2016년에 우메코지 증기 기관차관이 교토 철도 박물관으로 다시 탄생한다는 것을 알게 된 우메테츠는 스스로 공식 캐릭터가 되겠다고 나섰다. 검표원의 모자와 가방을 스스로 만들 정도로 철도에 대한 사랑은 대단했다. 어린이를 닮은 붉은 뺨, 모자 아래로 살짝 나온 깃털, 호기심 어린 눈썹이 특징인 우메테츠는 스스로 철도 박물관의 홍보 활동을 하고 있다.

서브 캐릭터인 에스마루(えすまる)는 증기 기관차 230형 233호기(일본이 처음으로 개발한 대량생산용 증기기관차)를 모델로 만들어졌다. 영국 스타일의 증기 기관차 때문에 영국 사람인 척하고 있지만 일본에서 자란 아이다.

프롬나드
일본의 역사적인 열차가 가득

1층 야외에는 역의 플랫폼을 연상시키는 야외전시관이 있다. 일본의 철도 역사에서 내로라하는 열차들이 전시되어 있다. 멋지게 생긴 신칸센 0계 열차는 운전석에 앉을 수도 있다.

프롬나드 (Promenade)는 '산책, 산책길'이라는 의미야.

1층 야외

C62형 증기 기관차

국철 80계 전동차

신칸센 0계 전동차

신칸센은 처음 나왔을 때인 1964년 당시 210km/h 속도의 세계최고 고속열차였다고 해.

열차에서 점심을~
열차와 함께 하는 먹거리

프롬나드에 있는 침대특급열차의 식당칸이 카페 '블루 트레인'으로 변신! 특히 이곳에서만 판매하는 신칸센 도시락은 어린이들에게 인기 메뉴다. 블루 트레인에 자리가 없다면 본관 2층에 있는 공간에서 달리는 열차를 보며 맛보는 것도 좋다.

1층 야외

부채꼴 차고
20량의 기관차 출동 준비 완료~

옛날에 실제로 사용하던 증기 기관차의 차고로, 건설된지 100년이 넘었다. 이 차고는 철근 콘크리트 구조의 부채꼴 모양인데, 원형 가운데에 회전대가 돌아가면서 해당되는 기차가 들어오고 나가는 방식이다. 이 차고에는 총 20량의 증기 기관차가 있는데 이 중 몇몇은 여전히 움직인다.

> 본관 2층의 데크에서 부채꼴 차고를 한눈에 내려다 볼 수 있어.

1층 야외

SL 증기 기관차 타기
뿜어내는 증기와 커다란 기적 소리를 체험해!

옛 증기 기관차가 견인하는 열차를 실제로 타 볼 수 있다. 왕복 1km 정도를 10분 내외로 달리는데 TV나 만화에서 본 실제 증기기관차의 기적 소리를 생생하게 들을 수 있다. 특히나 창문이 뚫려 있어 더욱 재밌다.

> SL승강장에서 티켓을 구매하고 타면 돼. 오전 10시 45분부터 오후 4시까지 15~30분 간격으로 운행해. 자세한 내용은 홈페이지를 참고해.

★ 코C56형 160호기(소형 증기 기관차), C61형 2호기(자동 급탄 장치가 처음으로 사용된 증기 기관차), C62형 2호기(일본을 대표하는 여객용 증기 기관차), 8620형 8630호기(일본 최초의 양산 유형의 여객용 증기 기관차)의 운행 일정을 잘 살펴보고 원하는 증기 기관차를 타 봐~!

트와일라이트 플라자
특별한 열차를 보고 싶어!

프롬나드를 나오면 작은 정원과 특이한 모양의 건축물이 있다. 다이쇼 시대를 대표하는 트러스 구조(trussed structure, 건물의 뼈대를 삼각형으로 연결해 조립한 구조)의 플랫폼으로, 옛 교토역에 사용됐던 구조를 이용한 것이다. 이곳에는 고급 호텔을 옮겨 놓은 듯한 호화로운 특급열차 '트와이라이트 익스프레스' 등이 있다.

1층 야외

★ 트와이라이트 익스프레스는 1989년 운행을 시작한 침대칸이 있는 고급스러운 특급 열차였어. 오사카에서 삿포로까지 22시간 이상 걸렸다고 하니 이동 목적 보다는 관광 열차였어.

스카이 테라스
열차와 전망을 한눈에 담아~

철도 박물관 3층에는 야외 전망대가 있다. 복잡하게 얽혀있는 선로 위로 JR 교토 열차와 도카이도 신칸센 열차가 달린다. 선로와 열차 외에도 일본에서 가장 높은 5층탑(토지)과 교토 타워도 볼 수 있다.

> 주변 선로 배선도와 실시간 주변 열차 운행정보를 알려주는 전광판이 있어서 눈앞에 보이는 열차 정보를 알 수 있어.

3층 야외

철도 시설 체험
철도 테마 놀이터인가요~?

본관 1층의 한쪽에서는 철도 시설과 열차의 변천사, 열차가 움직이는 원리, 선로, 신호 등 다양한 전시와 체험을 즐길 수 있다.

본관1층

열차 둘러보기
과거와 현재의 열차가 한 곳에~

본관에 들어서면 영국에서 태어나 일본의 첫 열차가 된 SL1800-1801에서부터 신칸센까지 총 27량이 전시되어 있다. 열차 내부와 아랫부분까지도 살펴볼 수 있다.

신칸센 500계 전동차
신칸센 최초로 300km/h를 운행. 늘씬한 외형으로 인기가 많아.

583계 월광 전동차
세계 최초 침대-좌석 겸용 열차. 낮에는 좌석 열차로, 밤에는 침대 열차로 변신!

485계 라이초 전동차
1964년에 등장한 일본의 전설적인 특급 열차. 운전실 체험을 할 수 있어.

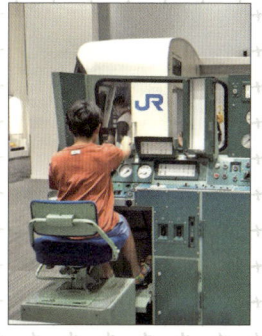
직접 차장이 되어 열차를 조종해 볼 수 있어.

철도 보수 작업을 위해 사용하던 궤도 자전거를 체험해 봐~.

열차 바퀴가 굴러가면 어떻게 될까~?

열차 건널목 체험

철도 디오라마 관람
감탄사가 절로! 열차 쇼가 펼쳐져

가로 30m, 깊이 10m의 유리관 안에 실물 차량의 약 1/80로 만들어진 신칸센, 화물 열차, 고속 열차, 한큐 열차, 케이한 열차 등이 다양한 배경과 함께 전시돼 있다. 시간에 맞춰 15분간 직원이 각 열차를 운행시키며 설명하는 디오라마 쇼가 펼쳐진다.

★ 디오라마(Diorama)는 여러 축소 모형을 배경과 함께 설치하여 특정 장면을 구성한 걸 말해.

본관2층

SL 제2검수고
2층 통로에서 검수소가 보여~

증기 기관차를 검사하고 수리하기 위해 마련된 SL 전용 검수고를 볼 수 있다. 2층 복도에서 내려다보면, 수리를 기다리거나 수리 중인 증기 기관차와 부속을 살펴볼 수 있다. 간혹 현역 사원들이 열차를 검수하기도 한다.

본관2층

3가지 열차 운전 시뮬레이터
철도 운전사가 되어볼테다!

● 실전 철도 운전사 훈련 도전

철도 운전사가 실제 훈련에서 사용하는 것과 같은 장치이다. 추첨을 통해 체험할 수 있는데, 입장권을 제시하면 추첨권을 받을 수 있다. 당첨이 되면 검색대를 지나 운전사 제복을 입고 체험한다.

본관2층

체험을 마치면 박물관에서 발행하는 기관사 면허도 받을 수 있어.

● 나는 고속열차 운전사~

카메라가 달린 모형 열차를 직접 운전해볼 수 있다. ATC(Automatic Train Control, 고속열차의 운행에 이용되는 자동 열차 제어 장치)와 ATS(Automatic Train Stop, 열차를 자동으로 감속, 정지시키는 장치)를 직접 체험할 수 있다.

● 열차 선로를 변경하겠습니다~

신칸센 운행에 사용되는 CTC(centralized traffic control)를 체험할 수 있다. 이 장치를 통해 직접 선로를 변경하고 신호기를 조절한다.

またね

마타네

또 봐~

여행을 준비해요~

오사카 성

오사카 성을 침투하라!

닌자가 오사카 성을 몰래 침투한 후 성 밖으로 빠져 나오려 해요. 어떤 길로 가야 할까요?

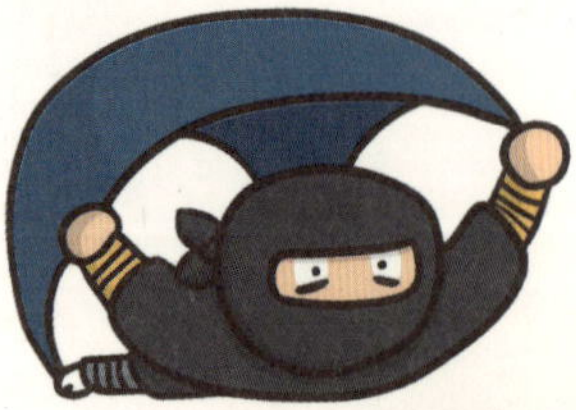

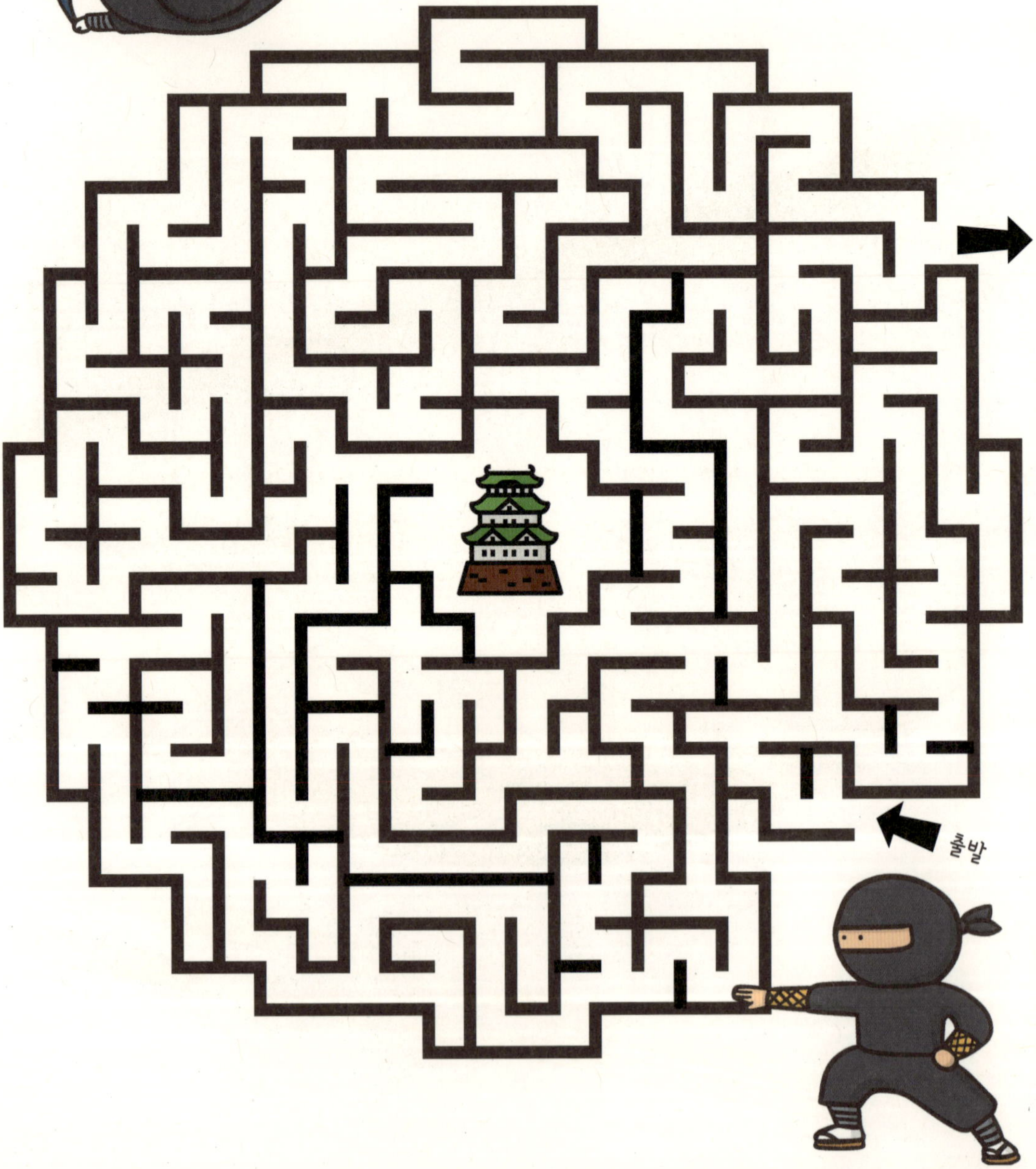

어떤 스시 좋아해?

 먹고 싶은 스시의 스티커를 골라 붙여 봐요.

일본이 궁금해~

아래 설명을 보고 해당되는 단어를 찾아보세요.

```
쿠 관 옷 벚 여 신 쿠 시 바 이 누
시 아 가 꽃 타 대 일 우 선 카 차
카 하 헤 포 태 다 본 터 춤 총 살
츠 위 이 로 양 큐 어 부 어 리 기
하 라 안 크 라 오 이 시 데 스 학
총 하 시 마 전 른 지 말 밀 귀 하
리 디 대 채 리 쪽 식 차 기 모 노
```

- ☐ 일본의 국기에 있는 빨간 동그라미의 의미
- ☐ 일본의 최고 통치자
- ☐ 일본이 쓰는 언어
- ☐ '일본'이라는 나라 이름을 처음으로 사용하기 시작한 시대
- ☐ 4~5월 일본에서 흔하게 볼 수 있고 일본의 대표적인 꽃
- ☐ 일본의 자동차 운전자석의 위치
- ☐ 일본의 교통 카드
- ☐ '맛있어요'의 일본어
- ☐ 오사카에서 탄생한 꼬치 튀김 요리
- ☐ 일본의 녹색 디저트에 주로 사용되는 것으로, 녹차를 쪄서 건조시킨 후 갈아 만든 가루
- ☐ 일본의 천연기념물이고 역사가 오래된 개
- ☐ 일본의 전통 의상

액자 만들기

① 꾸밈을 색칠하기
② 액자와 지지대, 꾸밈 모두 오리기
③ 액자의 점선을 따라 접어 네 모퉁이를 끼우기
④ 꾸밈을 액자에 붙이기(가지고 있는 스티커 등이 있다면 붙여도 OK)
⑤ 두 조각의 지지대를 서로 붙인 후, 지지대를 액자에 붙이기

오사카 카드 만들기

① 카드 만들기에 사용 될 아래 재료를 모두 오리기
② 점선을 따라 접기
③ 표시된 곳에 풀칠해서 붙이기
④ 편지 쓰기

색칠 후 카드 만들기

가족 모두 소원을 빌어요!

① 나무판 모양의 카드를 따라 오리기
② 뒷면에 소원 적기

① 달마 따라 오리기
② 소원을 빌며 한쪽 눈 그리기
③ 소원이 이루어졌다면 다른 쪽 눈도 그리기

오사카 여행을 떠나기 전 여행 중 하고 싶었던 것들을 생각하며 한쪽 눈을 그려. 그리고 여행을 다녀와서 소원이 모두 이루어졌다면 다른 쪽 눈도 그려 봐!

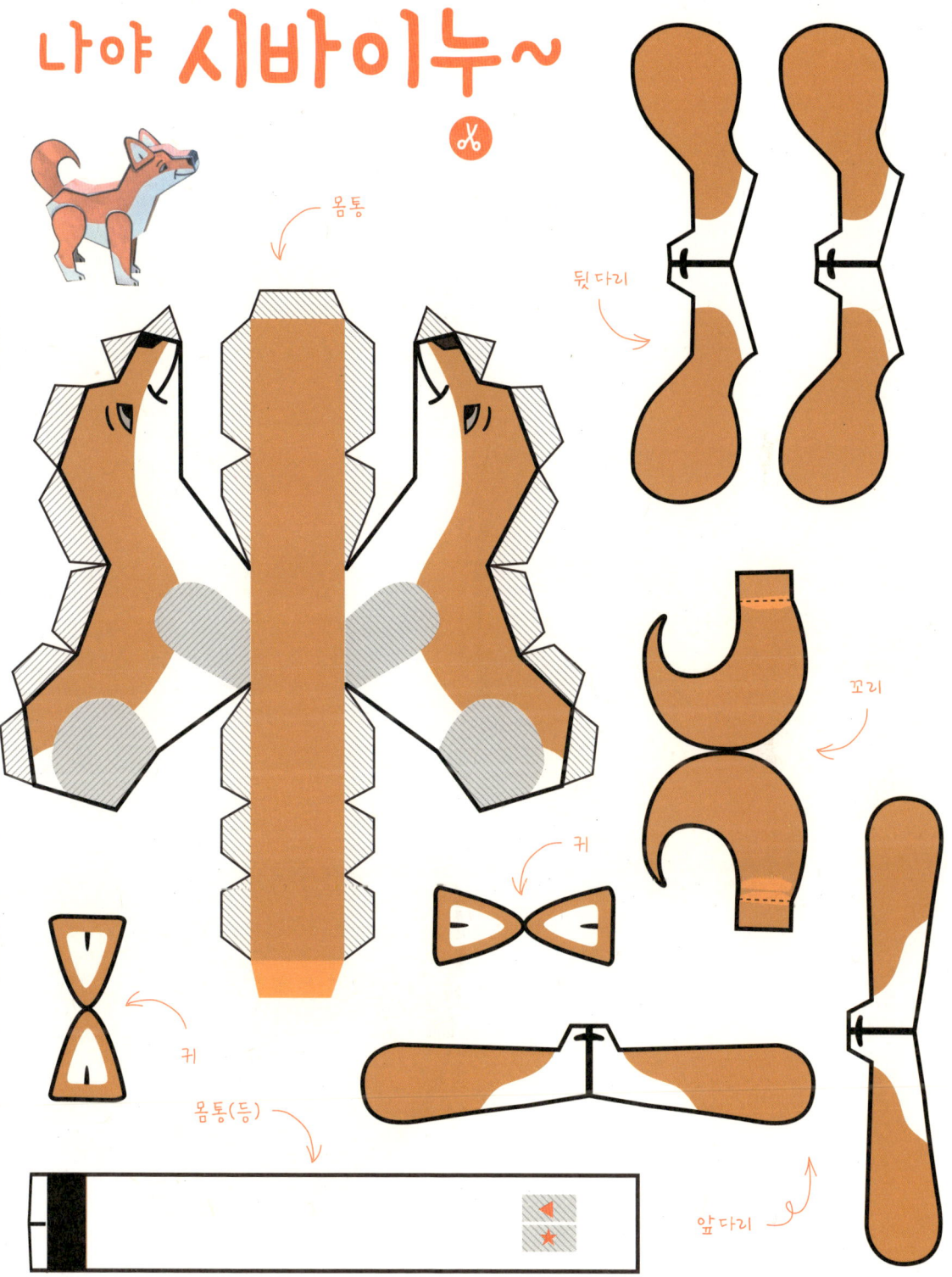

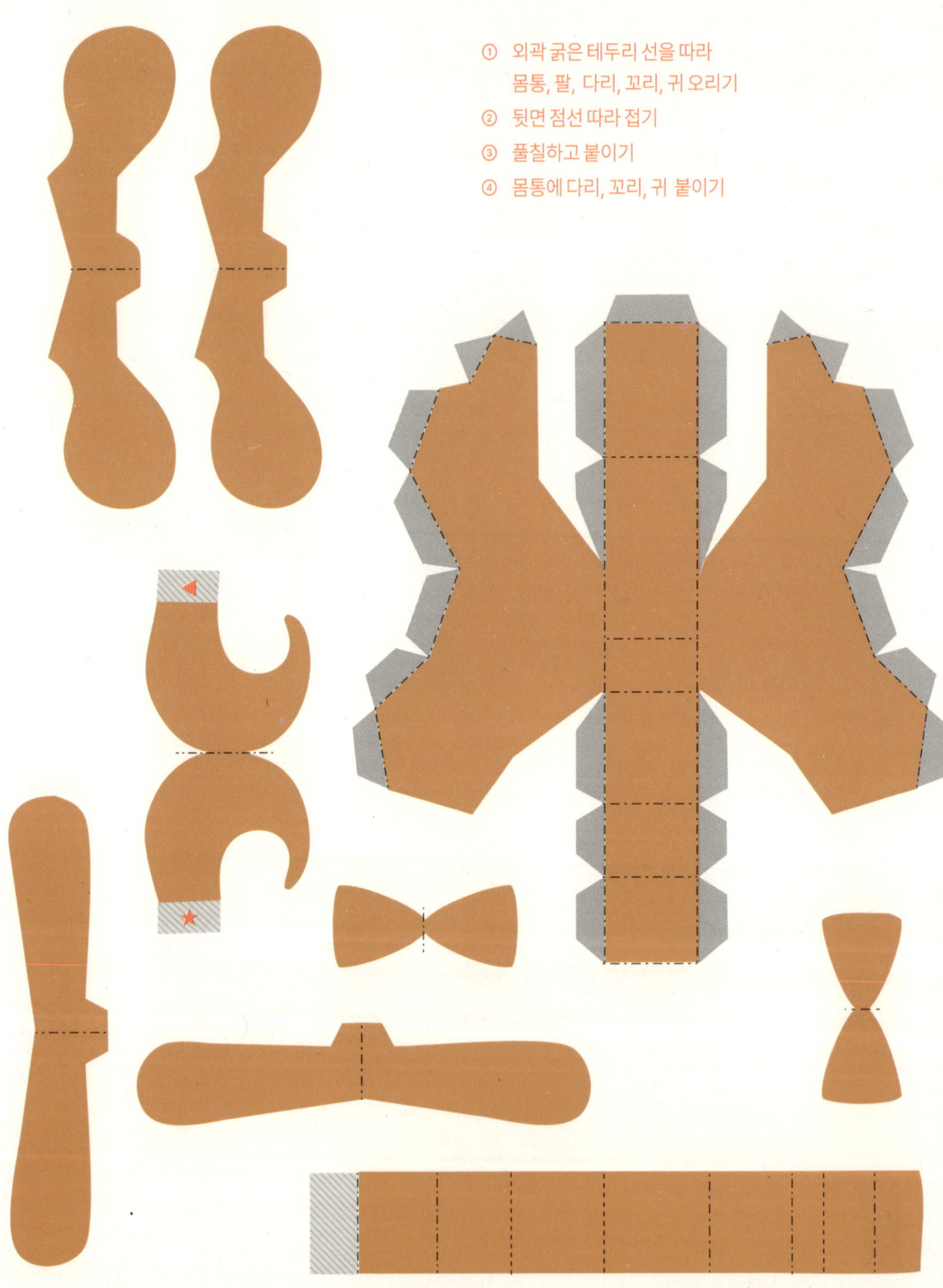

가자 오사카~ 구성품

게임판 주사위 게임말 별 코인 복 고양이 카드 오사카 등기부

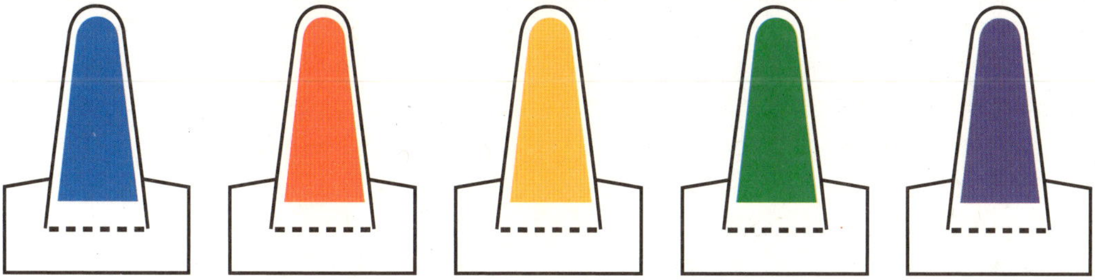

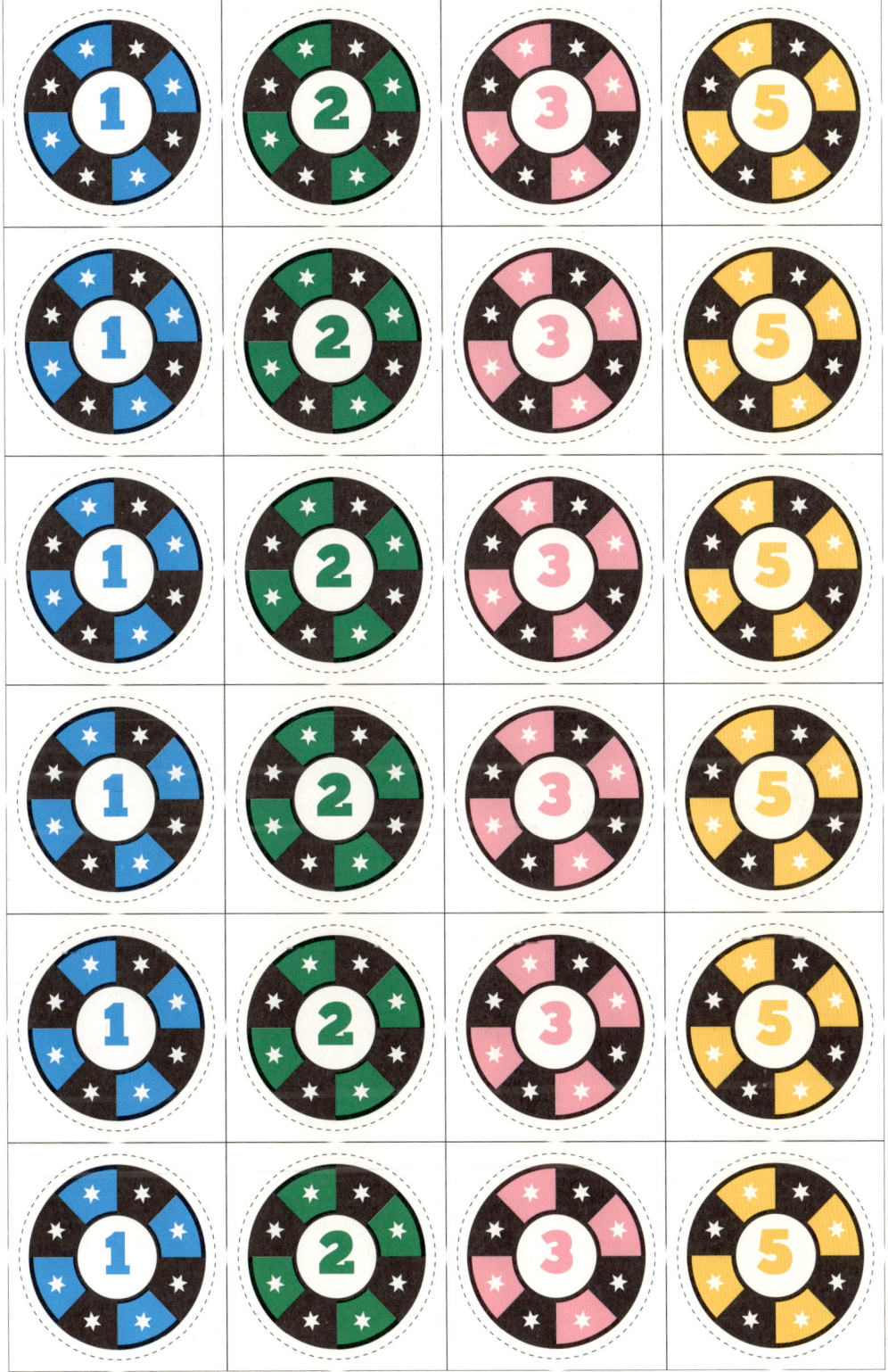

복고양이 카드

- 일본에서 사용하는 화폐 단위는 무엇인가요?
  정답: 엔(JPY) ★★★

- 당신은 점심을 먹고 쓰레기를 아무 곳에나 버렸습니다. 벌금으로 ★★를 은행에 내세요.

- 여권을 잃어버렸습니다. 대사관을 찾아가 다시 만드세요. 임시 여권 발급 비용으로 ★★★★★를 은행에 내세요.

- 일본에서 사용하는 언어는 무엇인가요?
  정답: 일본어 ★★

- 일본의 수도는 어디인가요?
  정답: 도쿄 ★★

- 일본의 국가인 일장기 중앙에 있는 빨간 동그라미는 무엇을 의미하나요?
  정답: 태양 ★★

- '일본'이라는 나라 이름을 처음으로 사용하기 시작한 때는 언제인가요?
  정답: 헤이안 시대 ★★

- 오사카에서 운전자는 어느 쪽에 앉아야 하나요?
  정답: 오른쪽 ★★

- 일본의 전통 의상은 무엇인가요?
  정답: 기모노 ★★

- 일본을 대표하는 꽃으로, 4월에 절정을 이루는 꽃은 무엇인가요?
  정답: 벚꽃 ★★

- 오사카의 유명한 먹거리 세 가지만 말해 보세요.
  정답: 오코노미야키, 쿠시카츠, 카츠네우동, 스시, 타코야키 등 ★★

- 일본의 화폐 100엔은 원화로 얼마 정도 할까요?
  정답: 약 1,000원 ★★

복고양이 카드

- 우리나라의 전압은 200V입니다. 일본의 전압은 몇 볼트일까요? 정답 100V ★★
- 일본 지역에서 사용할 수 있는 교통카드는 무엇인가요? 정답 이코카 ★★
- 일본에는 초록색 디저트가 많아요. 녹차 잎을 쪄서 건조시킨 후 가루로 만든 이것 때문인데요. 이것은 무엇인가요? 정답 말차 ★★
- 동전을 넣고 돌리면 아이템이 나오는 기계가 모여 있는 가게는 무엇인가요? 정답 가챠샵 ★★

- 도톤보리의 상징이며, 에비스 다리에서 기념사진을 꼭 찍어야 하는 간판의 이름은 무엇인가요? 정답 글리코 러너 ★★
- 오사카 성을 세우고 임진왜란을 일으킨 장본은 누구인가요? 정답 도요토미 히데요시 ★★
- 오사카 성에서 적의 침입을 막기 위해 성 바깥쪽에 따라 둘러져 있는 거대한 수로를 무엇이라고 하나요? 정답 해자 ★★
- 벚꽃과 왕골로 만든 일본의 전통 바닥재는 무엇인가요? 정답 다다미 ★★

- 실수로 지하철에서 음식을 먹었네요. 벌금으로 ★★★★엔을 은행에 내세요.
- 일본을 대표하는 견종으로, 일본의 천연기념물인 개는 무엇인가요? 정답 시바이누, 시바견 ★★
- 행운과 복이 들어오라고 손짓하는 귀여운 고양이 개는 무엇인가요? 정답 마네키네코 ★★
- 세계 최초의 고속열차는 무엇인가요? 정답 신칸센 ★★

★★★ | 통행료 ★★
오사카 성

★★★ | 통행료 ★★
오사카 시립 과학관

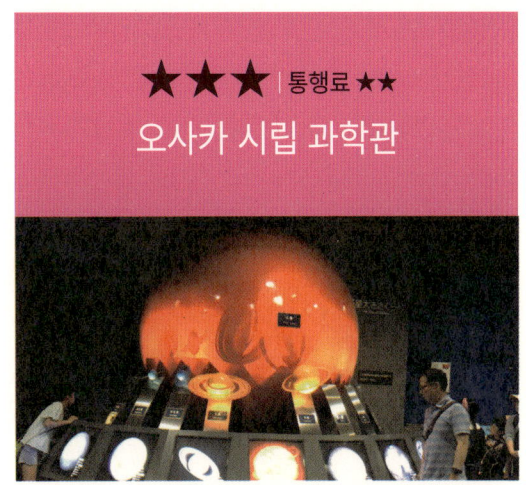

★★★ | 통행료 ★★
도톤보리

★★ | 통행료 ★
교토 철도박물관

★★★ | 통행료 ★★
니조성

★★ | 통행료 ★
유니버셜 스튜디오

★★★ 통행료 ★★	★★★ 통행료 ★★
가이유칸 수족관	기요미즈데라

★★★ 통행료 ★★	★★ 통행료 ★
주택 박물관	오사카 역

★★ 통행료 ★	★★ 통행료 ★
오사카 맛집	오사카 맛집

★★ |통행료 ★
오사카 맛집

★★ |통행료 ★
간사이 국제공항

오사카 성을
침투하라~

일본이
궁금해~

쿠	관	옷	벚	여	신	쿠	시	바	이	누
시	아	가	꽃	타	대	일	우	선	카	차
카	하	헤	포	태	다	본	터	춤	총	살
츠	위	이	로	양	큐	어	부	어	리	기
하	라	안	크	라	오	이	시	데 스	학
총		시	마	전	른	지	말	밀	귀	하
리	디	대	채	리	쪽	식	차	기	모	노

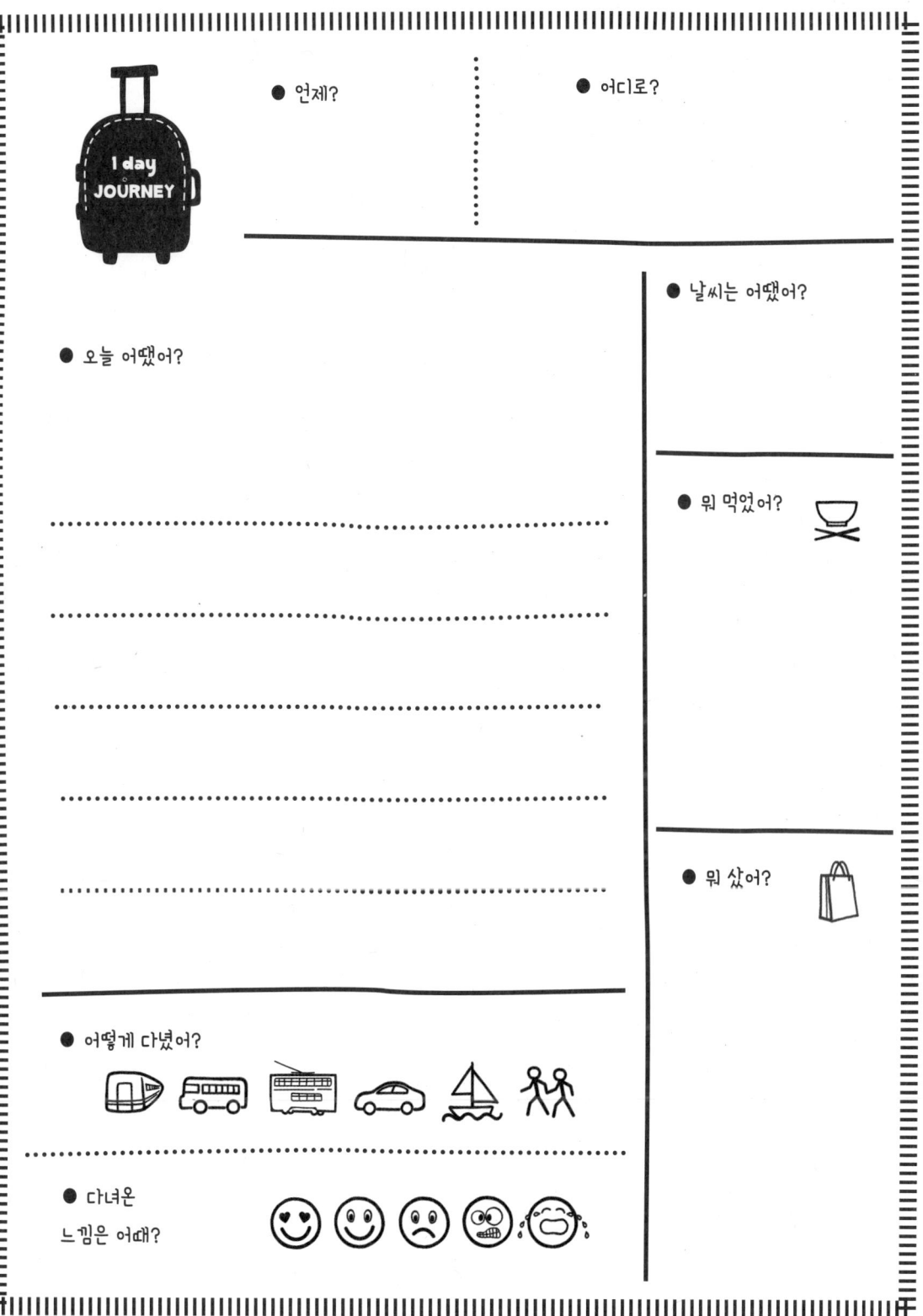

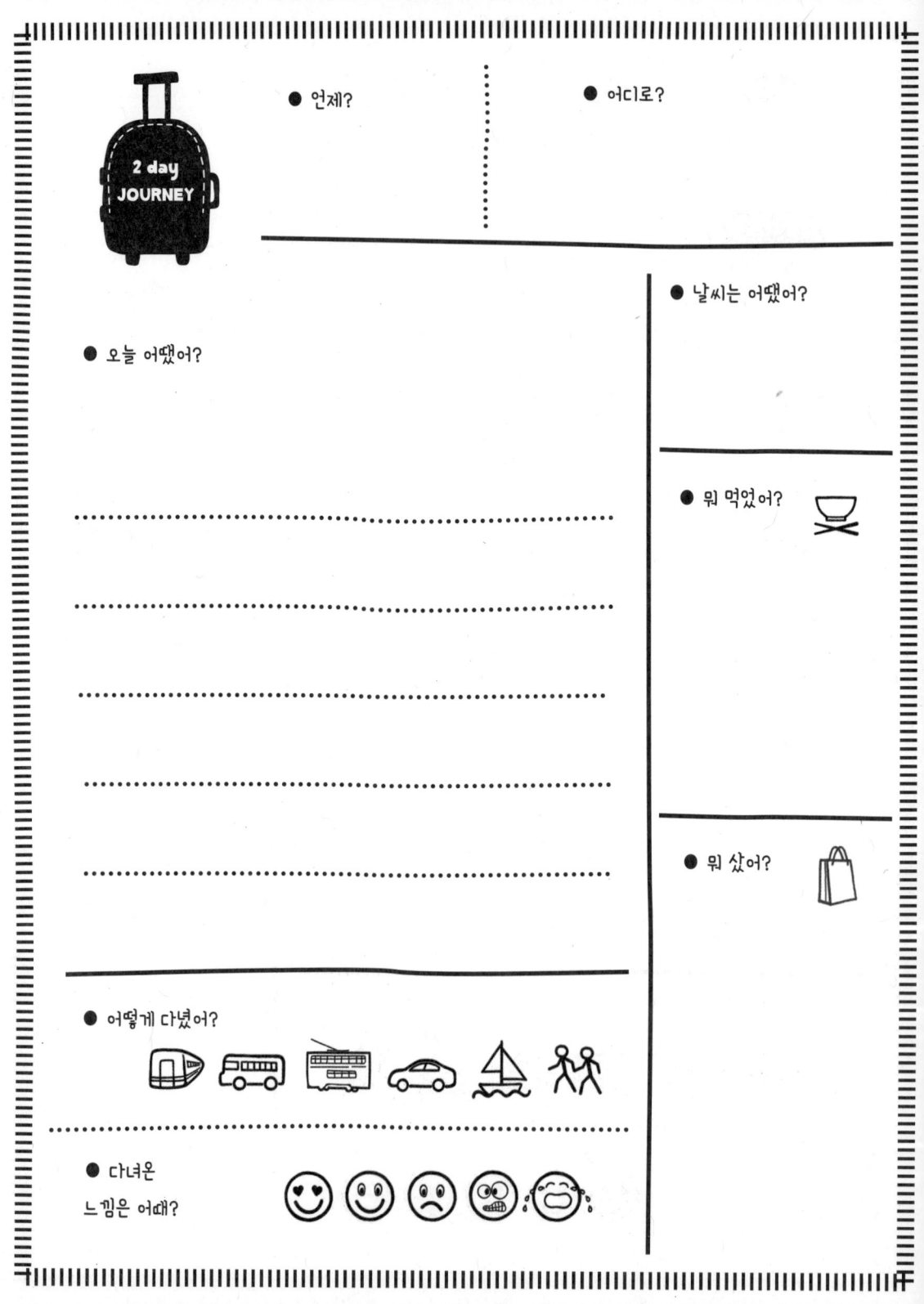

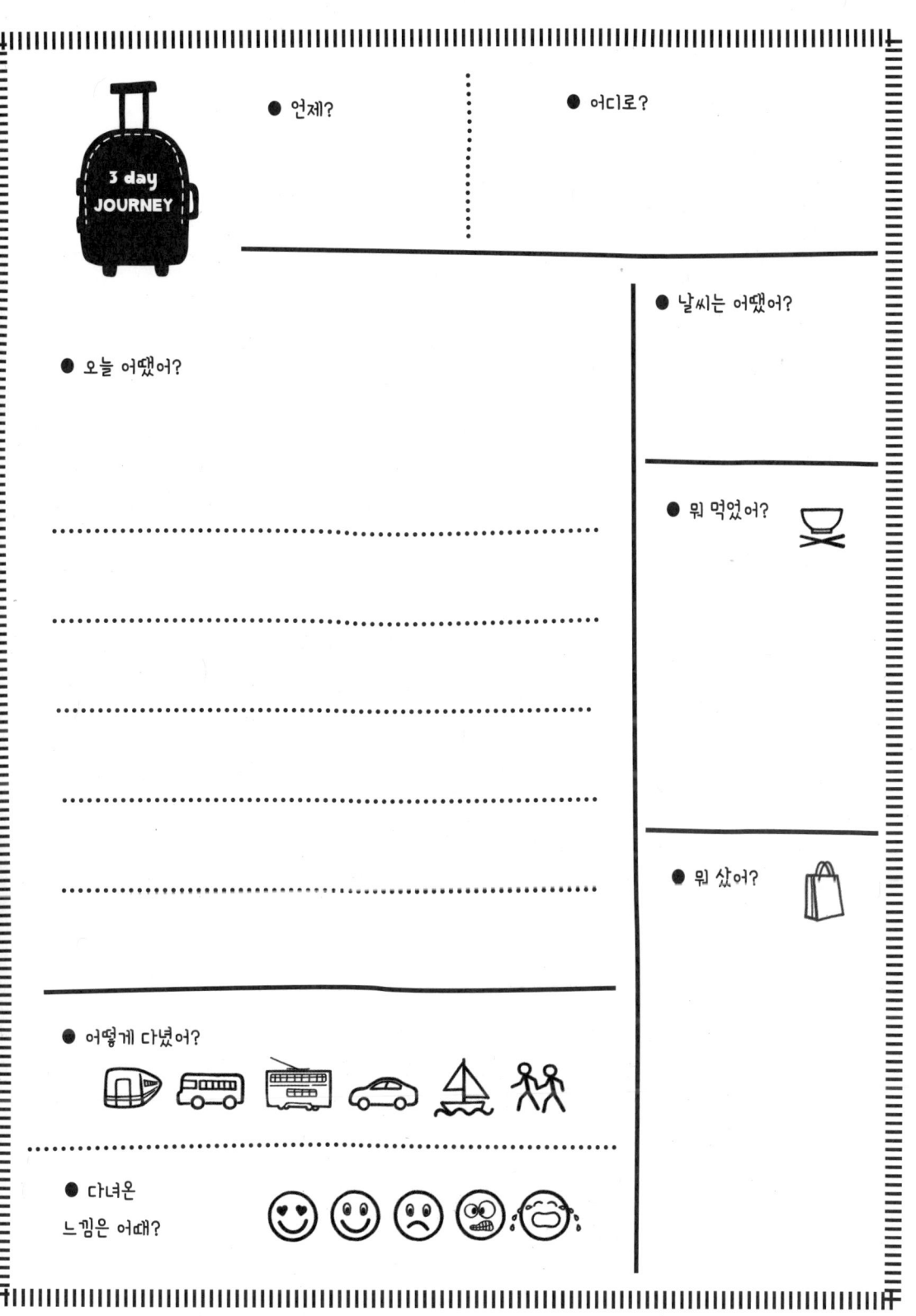

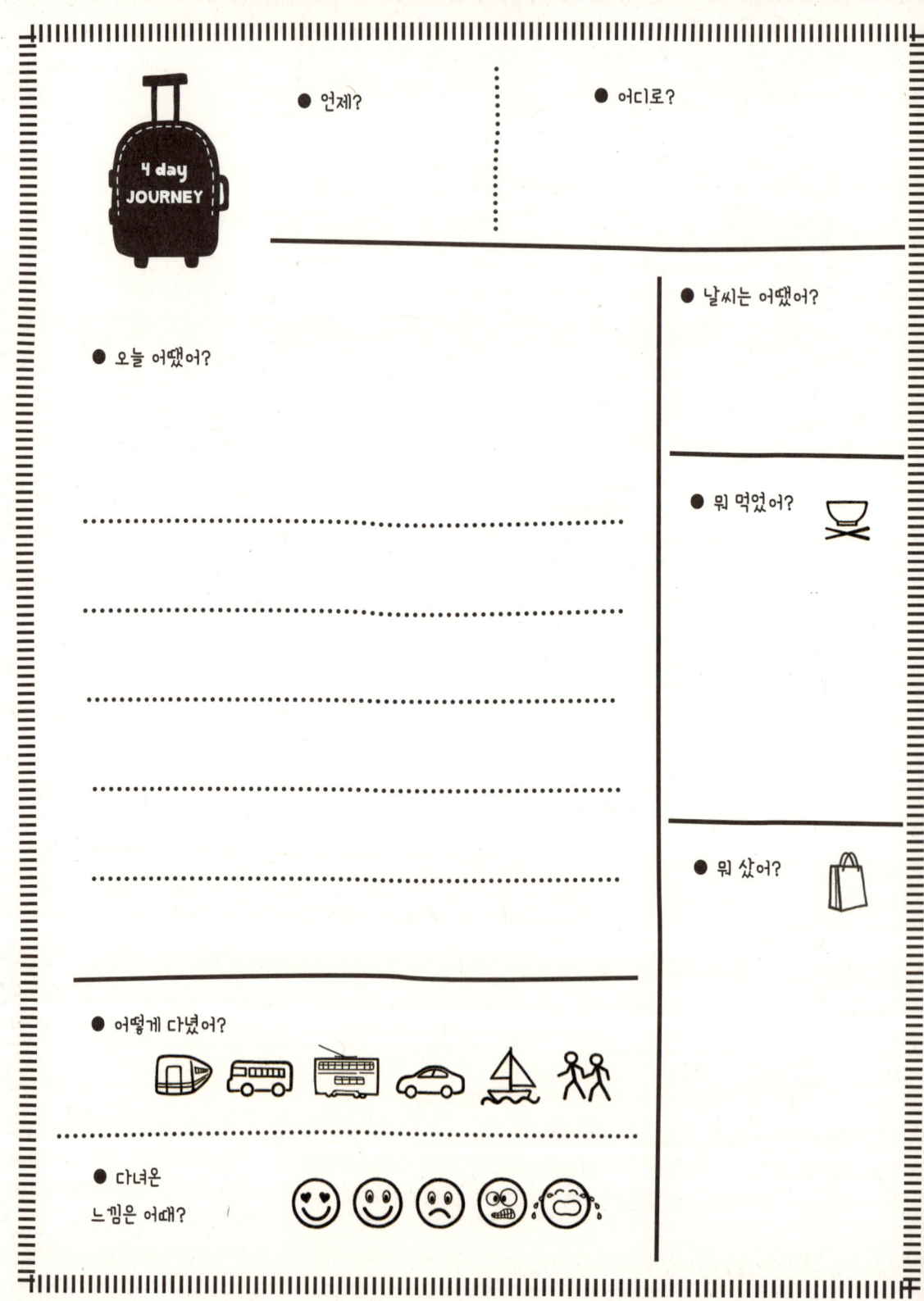